国家级职业教育规划教材
全国技工院校市场营销专业教材（中级技能层级）
全国中等职业学校市场营销专业教材

（第二版）

MARKETING

市场营销财务基础

鲁由学　主编

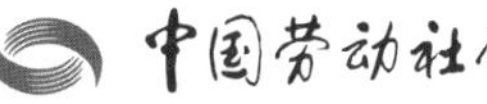

中国劳动社会保障出版社

简介

本教材根据市场营销专业所需的财务会计知识编写，具体内容包括：会计基础知识，会计凭证与账簿，结算业务，应收及应付款项，采购、存货和销售业务核算，收入、费用和利润，财务报表与销售日报表，收银业务等。教材配有习题册，以帮助学生巩固和灵活运用所学知识。

本教材由鲁由学任主编。

图书在版编目（CIP）数据

市场营销财务基础 / 鲁由学主编. -- 2版. -- 北京：中国劳动社会保障出版社，2019

全国技工院校市场营销专业教材. 中级技能层级　全国中等职业学校市场营销专业教材

ISBN 978-7-5167-4031-6

Ⅰ.①市…　Ⅱ.①鲁…　Ⅲ.①市场营销学－财务管理－中等专业学校－教材　Ⅳ.①F715.5

中国版本图书馆 CIP 数据核字（2019）第 100492 号

中国劳动社会保障出版社出版发行

（北京市惠新东街 1 号　邮政编码：100029）

*

北京市艺辉印刷有限公司印刷装订　新华书店经销

787 毫米 ×1092 毫米　16 开本　12.75 印张　199 千字

2019 年 7 月第 2 版　2019 年 7 月第 1 次印刷

定价：25.00 元

读者服务部电话：（010）64929211/84209101/64921644

营销中心电话：（010）64962347

出版社网址：http://www.class.com.cn

http://zyjy.class.com.cn

前言

全国中等职业技术学校市场营销专业教材自出版以来，在学校教学中发挥了重要作用。近年来，随着经济的发展，我国市场营销环境也发生了巨大的变化，这对市场营销从业人员的职业素养和知识、技能水平都提出了更高的要求。为适应这一变化，满足学校培养人才的需求，我们组织了一批骨干教师与行业、企业专家，在充分调研的基础上，对现有教材进行了修订。

本次教材修订工作的重点主要体现在以下几个方面：

第一，完善了教材体系。根据目前职业院校市场营销专业的教学实际，将《店铺陈列》《店铺促销》《连锁经营与管理》等教材整合为《店铺经营与管理》，增加了《市场调查》教材。调整后，整套教材体系更加科学、完善，也更便于教学。

第二，更新了教材内容。针对市场营销专业的现状和发展趋势以及企业的岗位需求，调整、补充和更新了相关教材的结构和内容，使教材更具时代感和前瞻性。增加了实践性教学内容的比重，在主要技能课教材中加入实训项目，并配以详细的操作指导，以引导学生运用所学知识分析和解决实际问题。

第三，改进了教材表现形式。针对学生的认知规律，在教材编写上尽可能多地以图表代替冗长的文字叙述，使教材更加生动，易于学习。同时，对上一版教材的栏目设置进行了整合、优化，使其脉络更加清晰，提高了教材的可读性和实用性。

第四，加强了教材配套资源建设。在修订教材的同时，修订了配套习题册和电子课件。电子课件及习题答案可通过职业教育教学资源和数字学习中心

（http://zyjy.class.com.cn）免费下载。在部分教材中使用了二维码技术，针对教材中的教学重点和难点制作了案例文本、演示视频等多媒体素材，学生使用移动终端扫描二维码即可在线观看相应内容。

本套教材的编写得到了有关学校的大力支持，教材编审人员做了大量的工作，在此我们表示衷心的感谢！同时，恳切希望广大读者对教材提出宝贵的意见和建议。

人力资源社会保障部教材办公室

目录

绪论 / 1

第一章　会计概述 / 5

第一节　会计的基本概念 / 6
第二节　会计核算基础 / 18
第三节　会计科目与账户 / 25
第四节　借贷记账法 / 32

第二章　会计凭证与账簿 / 39

第一节　会计凭证 / 40
第二节　账簿 / 56

第三章　结算业务 / 69

第一节　现金结算方式 / 70
第二节　银行结算业务 / 74

第四章　应收及应付款项 / 93

第一节　应收及预付款项 / 94
第二节　应付款项 / 102

第五章　采购、存货和销售业务核算 / 107

第一节　采购业务核算 / 108
第二节　存货业务核算 / 115
第三节　销售业务核算 / 125

第六章　收入、费用和利润 / 135

第一节　收入 / 136
第二节　费用 / 141
第三节　利润 / 151

第七章　财务报表与销售日报表 / 159

第一节　财务报表 / 160
第二节　销售日报表 / 170

第八章　收银业务 / 173

第一节　收银概述 / 174
第二节　收银业务操作 / 179
第三节　点钞与人民币真假的鉴别 / 185

绪论

在营销活动中，准确地计算货款，及时地结算货款，有力地清理欠款是对营销人员的基本要求。营销活动的最终结果体现为财务数据。营销人员在开展营销工作的过程中，必然会遇到支付、结算、预算等与财务有关的问题，掌握专业的财务知识将有助于营销人员顺利开展各项工作。

一、财务与营销

财务是指市场经济条件下的企业、事业单位及国民经济各部门、各单位在物质资料再生产过程中客观存在的资金运动及资金运动过程中所体现的经济关系。营销是指企业、营销人员以顾客的需求为出发点，综合运用各种战略与策略，把商品和服务整体地销售给顾客，尽可能地满足顾客需求，并最终实现企业、营销人员自身目标的经营活动。财务与营销既有区别又有共性。

1. 财务与营销的区别

财务与营销是两项不同的工作，财务部门与营销部门是企业中两个极其重要的职能部门。两者存在根本上的差别，主要表现在：

（1）两者职能不同

企业财务部门通过会计核算提供财务信息，注重企业资金运动和价值运动，根据对会计资料的分析作出企业经营的重大决策；通过成本、利润指标考核企业的财务成果，促使企业改善经营管理、提高经营效益；通过会计资料的分析检查，找出差距、制定措施，从而做到有目的地控制经营活动的进程。营销主要侧重于市场机会的分析，营销战略和战术的制定，以及营销活动的实施和控制。

（2）两者学科不同

财务属于会计学科，主要研究资金运动、价值运动及财务信息的生成和披露，其性质是资金运动的管理，即价值管理。营销属于管理学科，主要研究以满足消费者需求为中心的企业经营活动及其管理过程的规律，以及这些规律在企业经营活动中的运用问题。

（3）两者在企业中从属部门不同

财务由企业财务部门开展工作和进行管理，营销则由企业营销部门组织活动和进行管理。两者是同一企业中的不同部门，不同主体履行不同性质的工作职责，体现了业务性质和管理性质的差异。一般认为，营销工作侧重于生产经营、商品经营和市场经营，而财务工作则侧重于信息保障和管理。

（4）两者创新方式不同

财务创新主要是从制度建设、财务人员业务水平、服务与监督等方面创新。营销创新是在遵循商业规律的基础上，从营销思维、观念、战略、策略等方面创新。

2. 财务与营销的共性

财务与营销既有区别，又存在千丝万缕的联系。财务与营销的共性主要表现在：

（1）两者在企业中具有同等重要的地位

财务工作可对企业的经营管理、资金运动进行有效的监督和控制。现代营销运作要求企业从高层管理人员到基层工作人员都要牢固地树立以市场和顾客为中心的市场观念，建立以营销为中心的管理体制，形成以营销职能部门为战略管理核心的经营管理体系。两者都属于管理活动，都具有管理的基本职能。

（2）两者的根本目标是一致的

两者的根本目标都是提高企业的经营效益，追求企业的长久生存和永续发展，最终使企业获得最大利益。

（3）两者具有相同的起点

财务活动和营销活动都离不开企业的经营活动。作为同一企业的两大职能部门，两者都要从同样的企业经营环境出发，都必须认清企业所处的环境和企业的自身条件。

3. 财务与营销之间的关系

财务和营销都是影响企业全局的重要工作，两者与企业的经营活动计划、经营目标和经营活动行为相互交织。两者之间有着深刻的相互依赖、相互影响和相互制约的关系，具体表现在以下几方面：

（1）营销计划和营销财务预算是企业财务部门制订财务计划和财务预算的基础和出发点。企业在制订财务计划和财务预算时，一般应以销售为起点，实行以销定产，以产销规模确定筹资规模和投资方向，总之要体现市场需求导向。而营销计划和营销财务预算是由营销人员制订的，但要经过企业领导和财务部门审核决定，最终形成企业的整体财务计划和财务预算。

（2）财务决策和财务工作水平影响和制约着企业营销活动及其水平，反过来，企业营销活动及其水平又影响着企业的财务决策和财务工作水平。如果一个企业的财务工作不能适应企业发展的需要，企业的各个生产经营管理部门包括营销部门必然会受到很大影响。同样，积极有效的营销活动往往能灵活应付企业财务资源与外部市场环境的变化，减少企业内部的不利因素包括财务方面的制约；成功的营销所带来的丰厚利润可以不断改善企业财务状况，帮助化解或减轻财务上的许多困难和问题，有利于财务工作的顺利开展。

（3）财务对营销力量支持的强弱，对营销水平和效果有重要影响。同时，营销工作的质量也影响到企业财务状况。离开财务的可靠支持，营销就失去了力量，很多活动无法正常开展。没有强有力的营销活动为企业获得利润，企业将会陷入财务上的危机，难以取得良好的经济效益。

二、会计核算与营销

会计核算作为财务工作的一项重要内容，与营销工作密切相关。

1. 会计核算的主要业务

会计核算是会计工作的基础。在我国，会计核算必须遵守《中华人民共和国会计法》和有关财务制度的规定，符合有关会计准则和会计制度的要求，力求会计资料真实、正确、完整，保证会计信息的质量。《中华人民共和国会计法》明确规定，下列事项必须办理会计手续，进行会计核算。

（1）款项和有价证券的收付。

（2）财物的收发、增减和使用。

（3）债权债务的发生和结算。

（4）资本、基金的增减。

（5）收入、费用、成本的计算。

（6）财务成果的计算和处理。

（7）其他需要办理会计手续、进行会计核算的事项。

2. 会计核算在企业营销中的作用

会计核算作为管理工具，通过严格执行财务制度，制订预算定额和定价指标，履行实现经营目标的重要责任。

会计的基本工作是将一个单位与经济业务有关的原始单据，通过审核、记账、核算，对企业在生产经营过程中大量的日常业务数据进行记录、分类和汇总，计算出该企业在某一时段、某一时点所创造的经营成果和财务状况及变动情况，并最终编制成表。会计工作更重要的是按照一定的程序，在遵守一般公认的会计原则、会计准则的前提下，用适合本单位的财务管理制度和科学有效的核算方法，规范营销活动中的每一个环节，对日常营销业务进行控制，力求实现企业利润的最大化、达成企业的经营目标。

第一章　会计概述

学习目标

1. 熟悉会计的基本概念、职能、要素和对象，了解会计等式。

2. 明确会计核算前提，熟悉会计核算方法。

3. 明确账户的结构，熟悉主要的会计科目，了解会计科目设置的原则。

4. 明确借贷记账法的记账规则，熟悉借贷记账法的会计科目结构，掌握借贷记账法的具体运用。

企业开展经营活动的目的是实现经济利益，而实现这一目的需要通过一定的交易程序。在完成交易过程中，凡是特定对象能以货币表现的经济活动都是会计核算和监督的内容。

第一节 会计的基本概念

会计是以货币为主要计量单位，采用专门的技术方法，核算和监督企业、行政和事业单位凡能以货币表现的经济活动过程及其结果，并在此基础上评价、预测、决策企业、行政和事业单位经营活动目标，以求取得最佳经济效益的一种管理活动。从结构来看，会计主要由会计对象、会计要素、会计科目、报表结构和报表项目组成。

一、会计的本质与职能

1. 会计的本质

从不同角度考查会计，可对会计的本质产生不同的认识。

（1）会计是反映和监督物质资料生产过程的一种方法，是管理经济的工具。

（2）会计是一个收集、处理和输送经济信息的信息系统。

（3）会计是通过收集、处理和利用经济信息，对经济活动进行组织、控制、调节和指导，促使人们比较分析，讲求经济效益的一种以价值活动为管理对象的管理活动。

2. 会计的职能

会计的职能包括核算职能和监督职能两个方面。

（1）会计的核算职能

会计的核算贯穿于经济活动的全过程，它是会计最基本的职能，也称为反映职能。会计的核算职能是指会计以货币为主要计量单位，通过确认、计量、记录、报告，反映企业和行政事业单位已发生或完成的经济活动，为经济管理提供会计信息。

（2）会计的监督职能

会计的监督职能是指会计人员在进行会计核算的同时，对企业和行政事业单位经济业务的合法性、合理性进行审查。合法性审查保证各项经济业务符合国家有关法律法规，遵守财经纪律，执行国家的各项方针政策，杜绝违法乱纪行为。合理性审查各项财务收支是否符合各单位的财政收支计划，是否有利于预算目标的实现，是否有奢侈浪费行为，是否有违背内部控制制度要求等现象，为增收节支、提高经济效益把关。

会计核算职能和监督职能是相辅相成、辩证统一的关系。会计核算是会计监督的前提，没有核算所提供的各种信息，监督就失去了依据；而会计监督又是会计核算质量的保证，只有核算没有监督，就难以保证核算所提供信息的真实性和可靠性。

当然，随着生产力水平的日益提高、社会经济关系的日益复杂和管理理论的不断深化，会计所发挥的作用日益重要，其职能也在不断丰富和发展。除上述基本职能外，会计还具有预测前景、参与经济决策、评价经营业绩等扩展职能。

二、会计的对象和要素

1. 会计的对象

会计的对象是指会计核算和监督的内容。凡是特定对象能够以货币表现的经济活动，都是会计核算和监督的内容。企业会计对象是指一个企业在生产、经营过程中能以货币形式表现的经济活动。

2. 会计的要素

会计要素是对会计对象进行的基本分类，是会计核算对象的具体化。资产、负债、所有者权益、收入、费用和利润统称为企业的六大会计要素。如图 1—1 所示，资产、负债、所有者权益反映企业的财务状况，是价值运动的静态表现；收入、费用、利润反映企业一定时期的经营活动及其成果，是价值运动的动态表现。

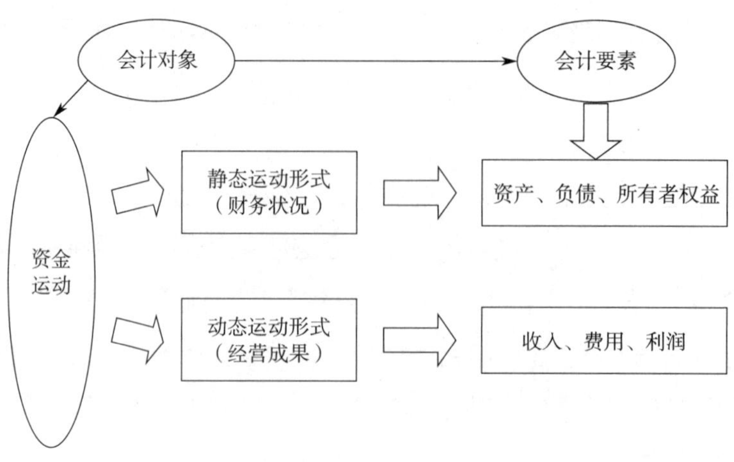

图 1—1　会计要素的定义

（1）资产

资产是指企业过去的交易或者事项形成的，由企业拥有或控制的，预期会给企业带来经济利益的资源。它是企业从事生产经营活动的物质基础。

资产按其流动性可分为流动资产和非流动资产。

1）流动资产。流动资产是指预计在一个正常营业周期中变现、出售或者耗用，或主要为交易目的而持有，或预计在资产负债表日起一年内（含一年）变现的资产，以及自资产负债表日起一年内交换其他资产或清偿负债的能力不受限制的现金或现金等价物。流动资产主要包括货币资产、结算资产和存货等。

2）非流动资产。非流动资产是指流动资产以外的资产，包括长期资产、固定资产、无形资产和其他资产等。

资产要素的分类详见图 1—2。

（2）负债

负债是指企业过去的交易或事项形成的，预期会导致经济利益流出企业的现时义务。负债按偿付期限的长短可以分为流动负债和长期负债，如图 1—3 所示。

1）流动负债。流动负债是指企业将在一年或者超过一年的一个营业周期内偿付的债务，包括短期借款、应付票据、应付账款、预收账款、应付职工薪酬、应交税费、应付股利、其他应付款、预提费用等。

2）长期负债。长期负债是指偿还期在一年或者超过一年的一个营业周期以上的债务，包括长期借款、应付债券、长期应付款等。

资产
流动资产
货币资产
库存现金
银行存款
其他货币资金
结算资产
交易性货币资产
结算备付金
应收票据
应收账款
其他应收款
待摊费用
预付账款
拆出资金等
存货
材料采购
原材料
库存商品
发出商品
包装物及低值易耗品
周转材料
消耗性生物资产
可供出售金融资产等
非流动资产
长期资产
长期股权投资
长期债权投资
长期应收款
投资性房地产
未实现金融收益
固定资产
房屋、机器设备、工具器具
工程物资
生产性生物资产
油汽资产
无形资产
商誉、商标权
专利权、非专利技术
著作权
土地使用权、特许权等
其他资产
特准储备物资
冻结资产
递延所得税资产
涉及诉讼中的财产

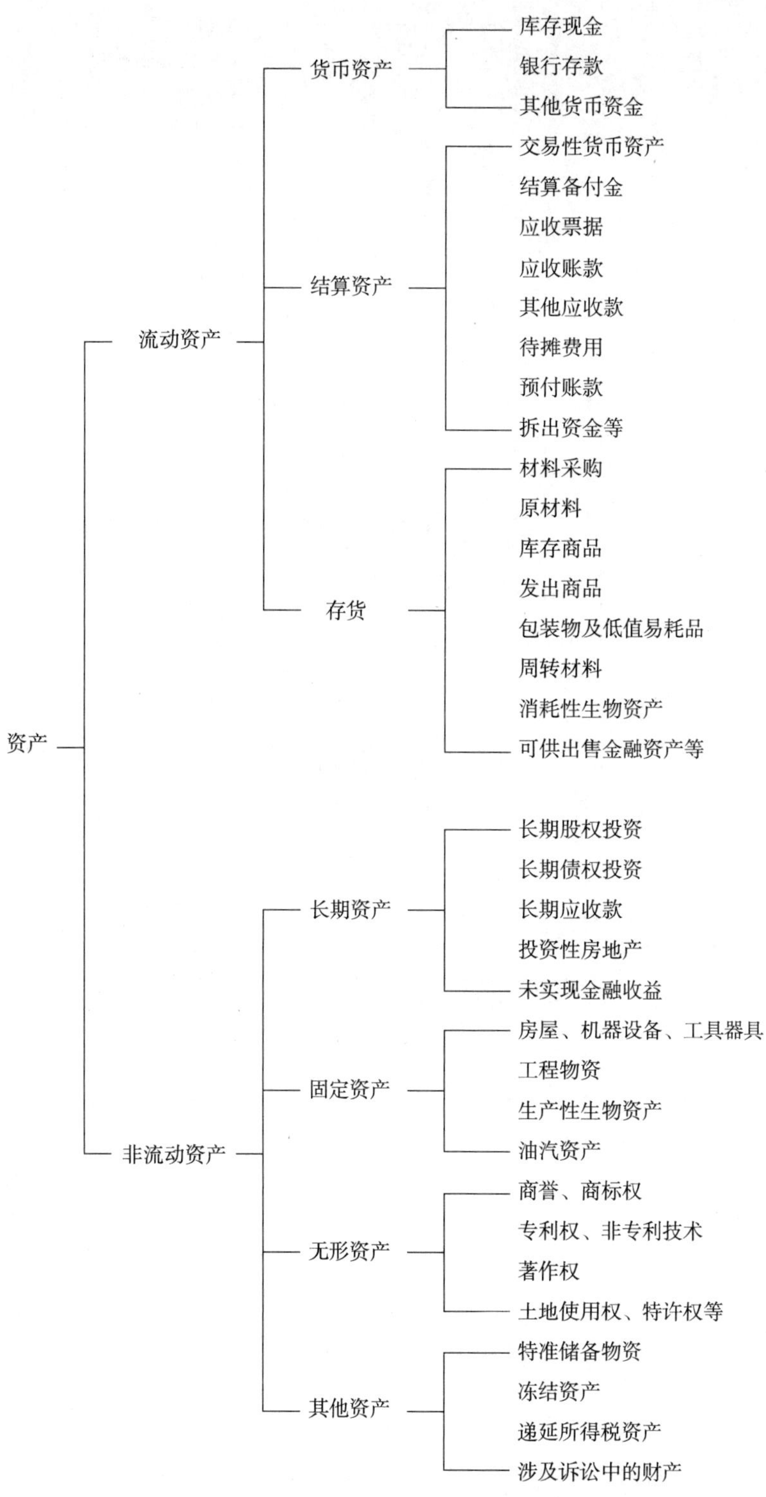

图 1—2 资产要素的分类

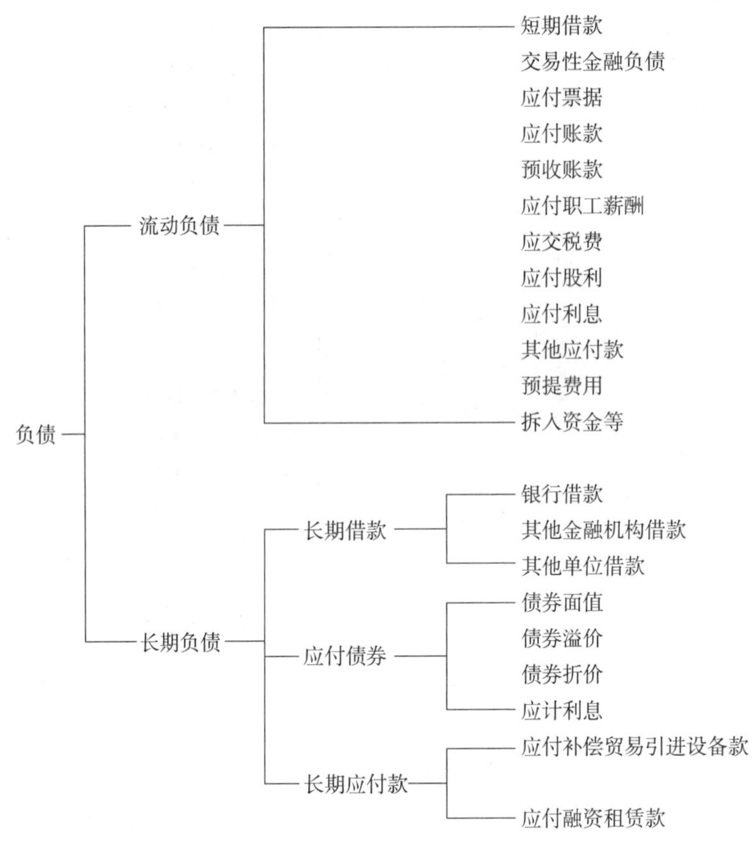

图 1—3　负债要素的分类

（3）所有者权益

所有者权益是指企业资产扣除负债后由所有者享有的剩余权益，即一个会计主体在一定时期所拥有或可控制的具有未来经济利益资源的净额。所有者权益分为实收资本（股本）、资本公积、盈余公积和未分配利润。所有者权益要素的分类如图 1—4 所示。

（4）收入

收入是指企业在日常活动中所形成的，会导致所有者权益增加的、与所有者投入资本无关的经济利益的总流入。收入包括主营业务收入、其他业务收入和营业外收入，其详细分类如图 1—5 所示。

（5）费用

费用是指企业在日常活动中发生的，会导致所有者权益减少的、与向所有者分配利润无关的经济利益的总支出。费用是企业生产经营过程中发生的各项耗费。企业直接为生产商品和提供劳务等发生的直接材料费用、直接人工费用和其

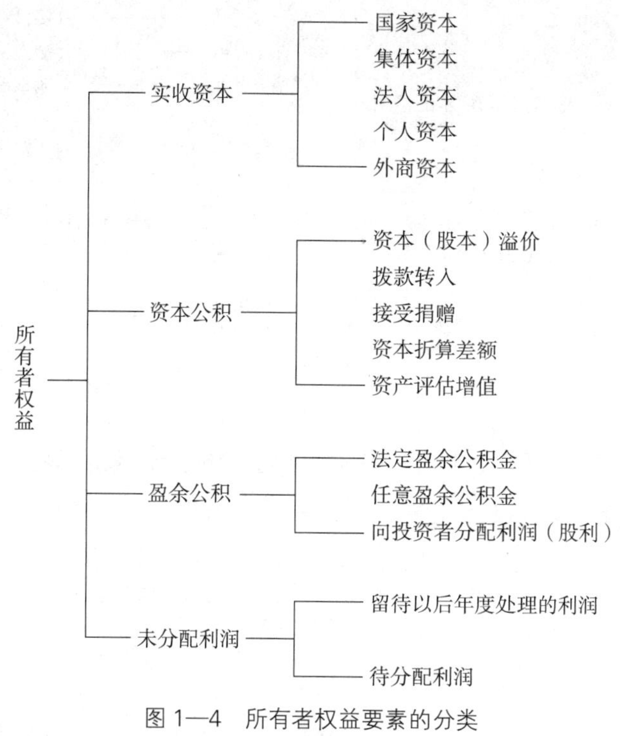

图 1—4　所有者权益要素的分类

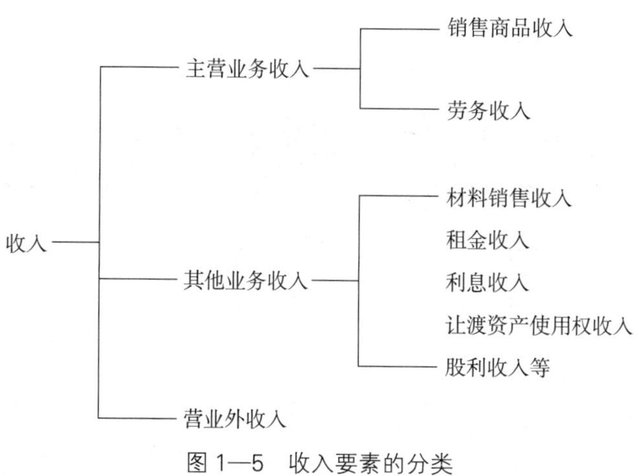

图 1—5　收入要素的分类

他直接费用，直接计入生产经营成本；企业为生产商品和提供劳务而发生的各项间接费用，应当按一定标准分别计入生产经营成本。企业行政管理部门为组织和管理生产经营活动而发生的管理费用，为销售和提供劳务而发生的销售费用等，应作为期间费用，直接计入当期损益。费用要素的分类如图 1—6 所示。

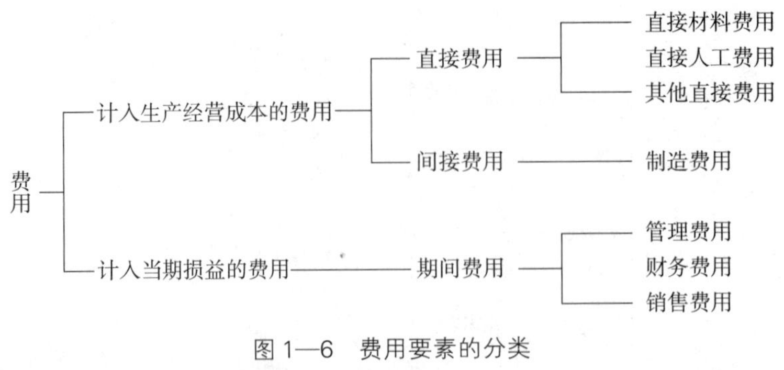

图 1—6　费用要素的分类

（6）利润

利润是指企业在一定会计期间内获得的经营成果，包括营业利润、利润总额和净利润。利润要素的分类如图 1—7 所示。

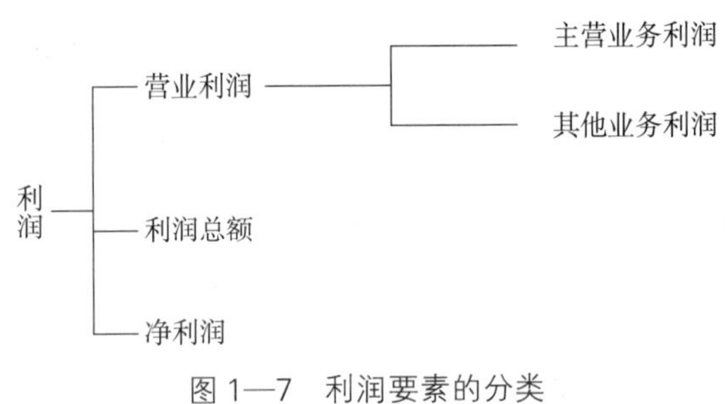

图 1—7　利润要素的分类

营业利润 = 主营业务利润 + 其他业务利润 − 期间费用

主营业务利润 = 主营业务收入 − 主营业务成本 − 税金及附加等

其他业务利润 = 其他业务收入 − 其他业务成本

利润总额 = 营业利润 + 投资净收益 + 补贴收入 + 营业外收入 − 营业外支出

净利润 = 利润总额 − 所得税

利润综合反映企业生产经营活动各方面的成果，在数量上一般等于收入减去费用的差额，如果是负数则为亏损。净利润表明企业经营盈亏的情况，是衡量企业生产经营管理水平的综合性指标。

三、会计等式

如上所述，六项会计要素反映了资金运动的静态和动态两个方面，具有紧密的相关性，它们在数量上存在着特定的平衡关系，可用公式表示。此类公式称为会计等式，也称会计平衡公式或会计恒等式。它是利用数学公式对各会计要素的内在经济关系进行概括表达，即反映各会计要素数量关系的等式。它提示各会计要素之间的联系，是复式记账、试算平衡和编制财务报表的理论依据。反映资产负债表要素之间数量关系的等式是：资产 = 负债 + 所有者权益。反映利润表要素之间数量关系的等式是：收入 - 费用 = 利润。

小提示

任何企业要从事生产经营活动，必定有一定数量的资产。如果将资产一分为二来看：一方面，任何资产只不过是经济资源的一种实际存在或表现形式，或为机器设备，或为现金、银行存款等；另一方面，这些资产都是按照一定的渠道进入企业的，或由投资者投入，或通过银行借入资金购买等，即必定有其提供者。企业中任何资产都有其相应的权益要求，谁提供了资产谁就对资产拥有索偿权，这种索偿权在会计上称为权益。

1. 静态会计等式

静态会计等式是反映企业在某一特定日期财务状况的会计等式，是由静态会计要素（资产、负债和所有者权益）组合而成，如图 1—8 所示。静态会计等式为"资产 = 权益 = 债权人权益 + 所有者权益 = 负债 + 所有者权益"。

这一等式称为财务状况等式，它反映了资产、负债和所有者权益这三个会计要素之间的关系，揭示了企业在某一特定时点的财务状况。具体而言，它表明了企业在某一特定时点所拥有的各种资产以及债权人和投资者对企业资产要求权的基本状况，表明企业所拥有的全部资产都是由投资者和债权人提供的。

2. 动态会计等式

动态会计等式是反映企业在一定会计期间经营成果的会计等式，是由动态会计要素（收入、费用和利润）组合而成，如图 1—9 所示。动态会计等式为"收入 - 费用 = 利润"。

这一会计等式称为经营成果等式，它反映了收入、费用和利润这三个会计要素的关系，揭示了企业在某一特定期间的经营成果。

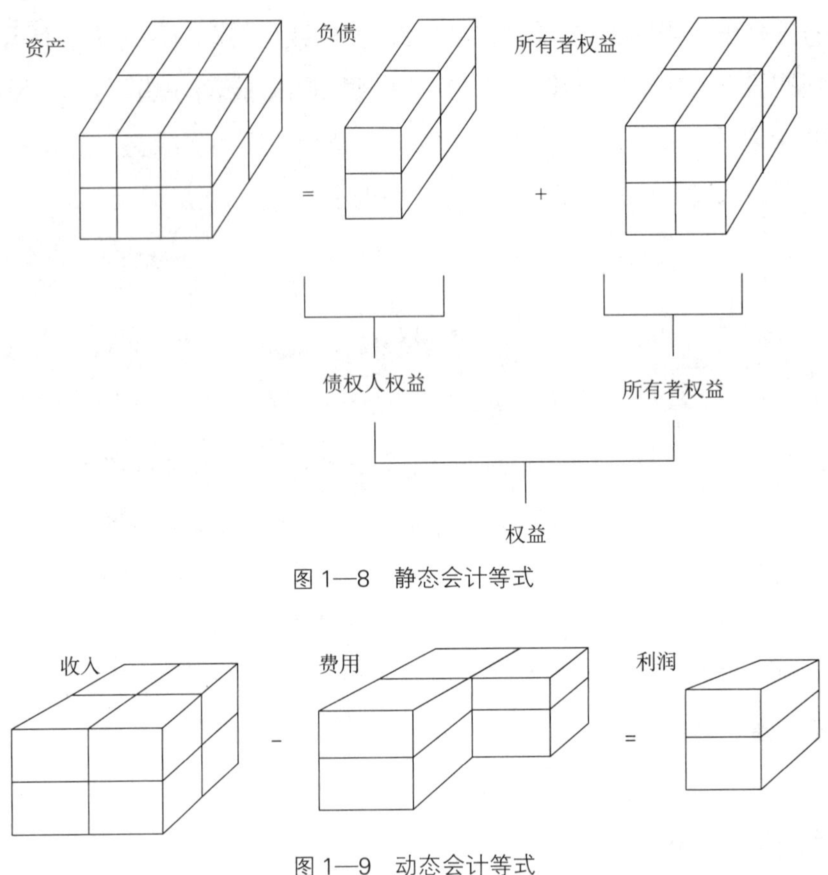

图 1—8　静态会计等式

图 1—9　动态会计等式

3. 综合会计等式

综合会计等式是由会计六要素组合而成的，全面反映企业财务状况和经营成果的会计等式。具体为："资产 = 负债 + 所有者权益 +（收入 - 费用）= 负债 + 所有者权益 + 利润"。

这一等式综合了企业利润分配前财务状况等式和经营成果等式，揭示了企业的财务状况与经营成果之间的相互关系。

4. 经济业务对会计等式的影响

经济业务是指能引起会计要素发生增减变化的一切业务事项。企业经济业务的发生对资产、负债和所有者权益的影响归纳起来有四大类型：资产与权益同时增加，增加的金额相等；资产与权益同时减少，减少的金额相等；资产内部有增有减，增减金额相等；权益内部有增有减，增减金额相等。

但无论经济业务引起资产、负债和所有者权益发生怎样的增减变化，都不会破坏"资产 = 负债 + 所有者权益"的平衡关系。下面举例说明经济业务对会计等式的影响。

腾云公司12月发生以下9项会计业务事项：

业务1 12月1日，公司收到国家增加投资50 000元，存入银行。

这项经济业务的发生，使企业资产（货币资金）增加了50 000元，同时所有者权益（实收资本）增加了50 000元。因为两者以相等金额增加，所以企业资产总额与负债及所有者权益的合计额仍保持平衡关系。

业务2 12月2日，公司购进某固定资产计60 000元，货款未支付。

这项经济业务的发生，引起资产（固定资产）增加60 000元，负债（应付账款）增加60 000元，资产和负债均以相等的金额增加。所以，企业的资产总额与负债及所有者权益的合计额仍保持平衡关系。

业务3 12月5日，公司以银行存款购进某材料20 000元，材料经验收入库（不考虑税费）。

这项经济业务的发生，引起企业库存材料增加20 000元，银行存款减少20 000元。由于材料和银行存款都属于企业资产，一项资产增加20 000元，另一项资产减少20 000元，资产有增有减，企业资产总额未变，资产总额与负债及所有者权益的合计额仍保持平衡关系。

业务4 12月6日，公司向银行借款30 000元，用来归还应付账款。

这项经济业务的发生，使短期借款增加了30 000元，应付账款减少了30 000元。由于短期借款和应付账款都属于企业的负债，一项负债增加30 000元，另一项负债减少30 000元，负债有增有减，企业负债总额未变，资产总额与负债及所有者权益的合计额仍保持平衡关系。

业务5 12月7日，甲公司代为偿还应付账款20 000元，并作为甲公司对腾云公司的追加投资。

这项经济业务的发生，引起所有者权益（实收资本）增加20 000元，负债（应付账款）减少20 000元。一项所有者权益增加，一项债权人权益（负债）减少，权益一增一减，增减金额相等，资产总额与负债及所有者权益的合计额仍保持平衡关系。

业务6 12月20日，公司将资本公积金15 000元转增为资本金。

这项经济业务的发生，引起企业所有者权益内部项目有增有减，即实收资本增加15 000元，资本公积金减少15 000元，增加和减少的金额相等，资产总额与负债及所有者权益的合计额仍保持平衡关系。

业务7　12月24日，公司向银行存款10 000元，归还银行短期借款。

这项经济业务的发生，使企业资产（银行存款）减少10 000元，负债（短期借款）减少10 000元。因为两者以相等金额减少，所以企业资产总额与负债及所有者权益的合计额仍保持平衡关系。

业务8　12月25日，甲公司委托腾云公司用银行存款偿还应付账款10 000元，作为甲公司在腾云公司的投资减少。

这项经济业务的发生，引起企业的资产（银行存款）减少10 000元，所有者权益（实收资本）减少10 000元，资产和权益都是以相等的金额减少，所以企业的资产总额和负债及所有者权益的合计额仍保持平衡关系。

业务9　12月31日，公司本年度向投资者分配利润40 000元。

这项经济业务的发生，引起企业的负债（应付利润）增加40 000元，所有者权益（未分配利润）减少40 000元，负债和所有者权益此增彼减且金额相等，所以企业的资产总额与负债及所有者权益的合计额仍保持平衡关系。

综上所述，可以得出以下三点结论：

（1）每一项经济业务的发生，必然引起资产、负债、所有者权益中的两个或两个以上项目发生增减变化。

（2）企业发生的所有经济业务，引起企业资产、负债、所有者权益的增减变化主要有四种基本形式，见表1—1。

表1—1　经济业务形式

序号	经济业务形式	归纳	资产＝负债＋所有者权益	举例
1	一个资产项目和一个负债项目（或所有者权益项目）同时增加	企业资产总额增加	相等	业务1和业务2
2	一个资产项目增加，另一个资产项目减少	企业资产总额不变	相等	业务3
3	一个负债项目（或所有者权益项目）增加，另一个负债项目（或所有者权益项目）减少	企业资产总额不变	相等	业务4、业务5、业务6和业务9
4	一个资产项目和一个负债项目（或所有者权益项目）同时减少	企业资产总额减少	相等	业务7和业务8

（3）以上四种基本形式的经济业务发生后，虽然会引起资产、负债、所有者权益的变化，但企业资产总额与负债及所有者权益的合计额仍保持平衡关系。也就是说，企业任何经济业务的发生都不影响“资产 = 负债 + 所有者权益”这一会计恒等式的平衡关系。

“资产 = 负债 + 所有者权益”这个平衡关系式不仅不受经济业务发生的影响，而且还是设置账户、复式记账和编制资产负债表的理论依据。

第二节　会计核算基础

作为会计核算对象的企业经营活动和会计核算所面临的环境都具有不确定性，因此，为确保会计信息质量，需对会计对象及其环境作出必要的约束性规定，即建立会计假设，设置必要的会计核算方法。

一、会计假设

会计假设包括会计主体、持续经营、会计分期和货币计量四项。

1. 会计主体

会计主体是指会计所核算和监督的特定单位或组织，是会计确认、计量和报告的空间范围。会计主体的前提是要求会计核算应当以企业发生的交易或事项为对象，记录和反映企业本身的各项生产经营活动。它明确了会计核算的空间范围以及会计人员反映特定单位经济活动的立场，与企业生产经营无关的而属于其他单位或所有者本人的收支活动都不能在本会计主体中反映。

会计主体不同于法律主体。一般来说，法律主体必然是会计主体，会计主体不一定是法律主体。任何企业，无论形式是独资、合资还是合伙，都是一个会计主体。在企业集团的情况下，母公司及其控制的子公司均为独立的法律主体，各为一个会计主体，但是为了全面反映企业集团的财务状况、经营成果和现金流量，可以将这个企业集团作为一个会计主体。

作为一个会计主体，必须具备三个条件：（1）具有一定数量的经济资源；（2）进行独立的生产经营活动；（3）实行独立核算，提供反映本主体经济情况的财务报表。

2. 持续经营

持续经营是指在可预见的未来，会计主体将会按当前的规模和状态持续经营下去，既不会停止，也不会大规模削减业务。它明确了会计工作的时间范围。企业是否持续经营，在会计原则、会计方法的选择上有很大差别。一般情况下，应当假设企业持续经营。明确这一前提，会计人员就可在此基础上选择会计原则和会计方法，这样才能保持会计信息处理的一致性和稳定性。例如，在持续经营前提下，固定资产可以根据历史成本进行记录，并采用折旧的方法，将历史成本分摊到各个会计期间或相关产品的成本中；如果企业不会持续经营下去，固定资产的价值则不应采用历史成本进行记录。对于其所负担的债务，如应付款项，在持续经营的前提下才可以按照规定的条件偿还，如没有这一前提，负债则要按照资产变现后的实际负担能力来清偿。

任何企业都存在破产、清算的风险，如果判断企业不会持续经营下去，就应当改变会计核算的原则和方法，并在企业财务会计报告中作出相应披露。

3. 会计分期

会计分期是指将一个会计主体持续经营的生产经营活动人为地划分为一个连续的、长短相同的期间，以便分期结算账目和编制财务会计报告。会计分期的目的在于通过会计期间的划分，据以结算盈亏，按期编制财务会计报告，及时向各方面提供有关企业财务状况、经营成果和现金流量的信息。

在会计分期的前提下，会计核算应当划分为会计期间、分期结算账目和编制财务会计报告。会计期间有年度、半年度、季度和月度四种。年度、半年度、季度和月度均按公历起讫日期确定，即每年 1 月 1 日至 12 月 31 日为一个会计年度。半年度、季度和月度均称为会计中期。会计分期基本的划分方法如图 1—10 所示。

图 1—10 会计分期划分方法

明确会计分期假设对会计核算有着重要的影响和作用。由于会计分期产生了本期与他期的差别，从而出现权责发生制和收付实现制的区别，才使不同类型的会计主体有了记账的基准，进而出现了应收、应付、预提、待摊等会计处理方法。

4. 货币计量

货币计量是指会计主体在会计核算过程中采用货币作为统一的计量单位，记录、反映会计主体的生产经营活动。企业的生产经营活动具体表现为商品的购销、各种原材料和劳务的耗费等实物运动，而这些产物的其他计量单位如长度、质量、体积等不能从量上进行准确、统一的汇总比较，为了全面反映企业的生产经营活动，会计核算就需要一种统一的计量单位作为其计量尺度。而货币作为商品的一般等价物，是衡量商品价值的共同尺度，具有价值尺度、流通手段、储藏手段和支付手段等特点。会计核算就选用了货币作为其计量单位。

在货币计量的前提下，企业的会计核算应以人民币为记账本位币。业务收支以人民币以外的货币为主的企业，可以选定其中一种货币作为记账本位币，但是编制的财务会计报告应当折算为人民币。在境外设立的中国企业向国内报送的财务会计报告应当折算为人民币。

货币计量包含着币值稳定的假设，即设定货币本身的价值是稳定的。当货币本身价值波动不大或前后波动可以抵消时，会计核算可以不考虑波动，仍认为币值是稳定的；但在发生恶性通货膨胀时，就需采用其他方法来处理有关事项。

上述会计核算的四项基本前提具有相互依存、相互补充的关系。会计主体确立了会计核算的空间范围，持续经营与会计分期确立了会计核算的时间长度，而货币计量则为会计核算提供了必要的手段。没有会计主体，就不会有持续经营；没有持续经营，就不会有会计分期；没有货币计量，就不会有现代会计。

二、会计核算方法

会计核算方法是指对会计已经发生的经济活动进行连续、系统、全面的反映和监督所采用的专门方法。

会计核算方法用来反映和监督会计对象。由于会计对象的多样性和复杂性，就决定了用来对其反映和监督的会计核算方法不能采取单一的方法形式，而应该采用方法体系的模式。因此，会计核算方法由设置会计科目和账户、复式记账、填制和审核会计凭证、登记账簿、成本计算、财产清查、编制财务报表等具体方法构成。

1. 设置会计科目和账户

设置会计科目和账户是对会计对象的具体内容进行归类核算和监督的一种专门方法。会计对象的内容是复杂多变的，为了对各项经济业务进行核算和监督，就必须对会计内容按照其本身的性质和管理的要求进行科学的分类，划分会计科目，并为每个会计科目开设具有结构内容的账户，通过账户分类，连续地记录由于经济业务的发生而引起会计要素的增减变动情况和结果，以取得各项经济指标数据。对设置会计科目和账户这种核算方法，可结合图 1—11 加深理解。

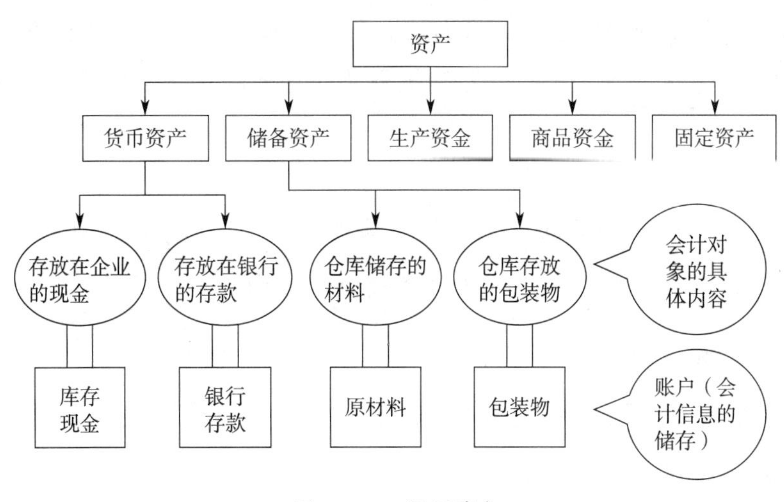

图 1—11　设置账户

2. 复式记账

复式记账是指对发生的每一项经济业务都要通过两个或两个以上的双重平衡记录的一种专门方法。例如，企业以银行存款 500 元购买一批材料，对于这项经济业务既要在“银行存款”账户记录存款的减少，又要在“原材料”账户记录材料的增加，这种记账方法就叫作复式记账，如图 1—12 所示。进行复式记账能够全面、系统地反映经济业务的来龙去脉。

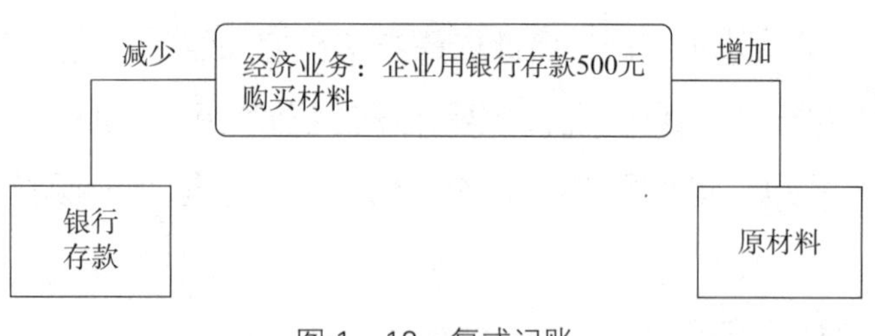

图 1—12　复式记账

3. 填制和审核会计凭证

填制和审核会计凭证是为了保证账户记录的正确、完整，保证记录的经济业务合理、合法而采用的一种专门的方法。

会计凭证（如发票、收据等）用来记录经济业务的发生和完成情况，是进行会计核算的重要依据。会计凭证一般分为两种：一种是经济业务发生时取得或填制的会计凭证（如发票等），称为原始凭证；另一种是由会计人员根据原始凭证进行加工整理，为记账提供直接依据的会计凭证，称为记账凭证。填制记账凭证是财务会计人员的一项经常性工作，审核会计凭证的合理性、合法性、真实性和完整性是会计人员的一项重要职责。填制和审核会计凭证的方法如图 1—13 所示。

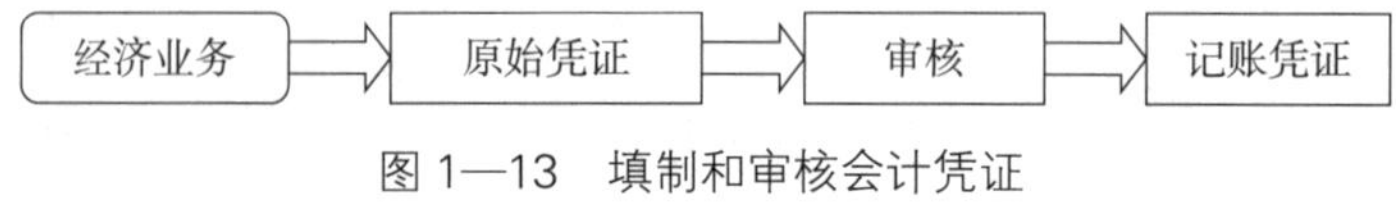

图 1—13　填制和审核会计凭证

4. 登记账簿

登记账簿简称记账，是指根据审核无误的会计凭证在账簿中系统、连续地记录经济业务内容的一种专门方法。

账簿是由一定格式账页组成，以会计凭证为依据，全面、系统、连续地记录各项经济业务的簿记，是保存会计数据资料的重要工具。登记账簿是将会计凭证记录的经济业务，序时、分类地记入有关账簿中设置的各个账户，并定期进行结账、对账，以便为编制财务报表提供完整而又系统的会计数据。对这种方法的理解如图 1—14 所示。

5. 成本计算

成本计算是归集一定核算对象所发生的全部费用，进而确定其总成本和单位成本的一种专门方法。通过成本计算，不仅可以确定材料采购成本、产品生产成本和产品销售成本，还可以反映各项费用是否节约或超支，并据以确定企业经营盈亏。成本计算的基本方法如图 1—15 所示。

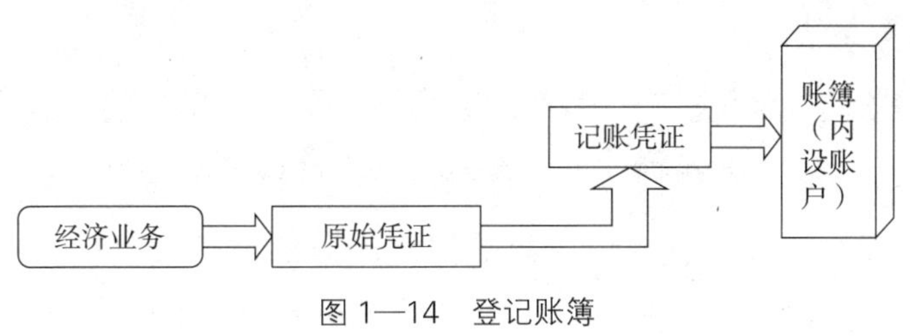

图 1—14　登记账簿

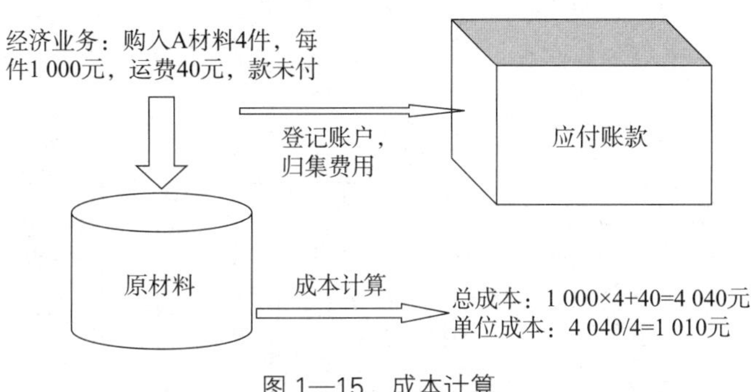

图 1—15　成本计算

工业企业产品成本计算的基本方法有三种，即品种法、分批法和分步法，具体见表 1—2。

表 1—2　　产品成本计算的基本方法

产品成本计算方法	成本计算对象	生产类型		
		生产组织特点	生产工艺特点	成本管理
品种法	产品品种	大量大批生产	单步骤生产	不要求分步骤计算成本
			多步骤生产	
分批法	产品批别	单件小量生产	单步骤生产	不要求分步骤计算成本
			多步骤生产	
分步法	生产步骤	大量大批生产	多步骤生产	要求分步骤计算成本

6. **财产清查**

财产清查是指通过对货币资金、实物资产和往来款项的盘点或核对，确定其实存数，查明账存数与实存数是否相符的一种专门方法。在财产清查中如发现财产物资和货币资金账实不符，应及时查明原因，落实责任，报经批准后，调整账面记录，使账面记录和实存数相符合，以保证会计核算资料的正确性和真实性。

7. 编制财务报表

编制财务报表是定期总结、概括反映企业的财务状况、经营成果和现金流量情况以及费用成本的一种专门方法。它是企业根据日常的会计核算资料归集、加工和汇总后形成的，是企业会计核算的最终成果。财务报表提供的数字比账簿更概括、更集中。通过财务报表可以对企、事业单位的财务状况一目了然，从而使会计的职能得到充分发挥。编制财务报表与登记账簿等方法之间的关系如图 1—16 所示。

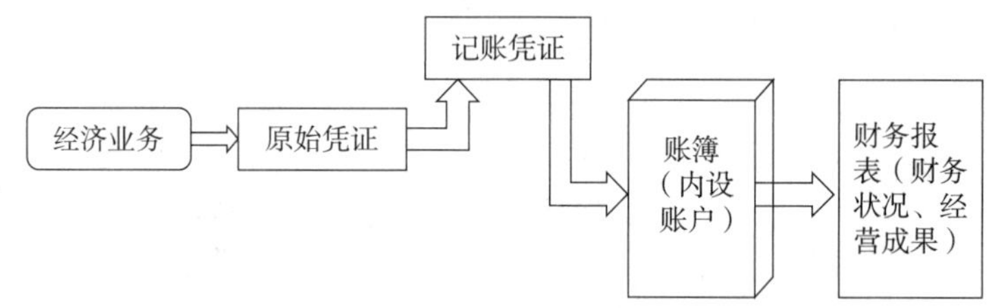

图 1—16　编制财务报表与登记账簿等方法之间的关系

上述各种会计核算方法相互联系、密切配合，构成了一个完整的方法体系。会计核算的基本内容是：经济业务发生后，会计人员审核整理好原始凭证，按设置的会计科目，运用复式记账法编制记账凭证，并据以登记账簿；要依据凭证和账簿记录对生产经营过程中发生的各项费用进行成本计算，并依据财产清查对账簿记录加以核实，在保证账实相符的基础上，定期编制财务报表。各种会计核算方法的应用程序及其相互之间的关系如图 1—17 所示。

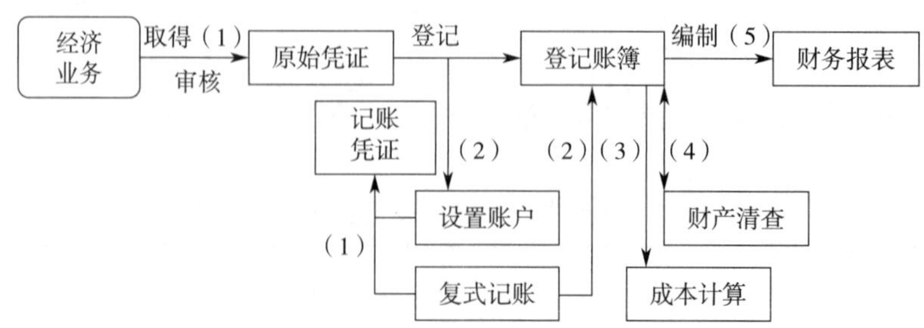

图 1—17　各种会计核算方法的应用程序及其相互关系

第三节　会计科目与账户

会计科目与账户是会计在从事财务工作时必须记录的两个项目。设置会计科目是设置账户、进行账务处理所遵循的规则和依据，而账户的设置则能够反映会计要素的增减变动及结余情况。

一、会计科目的概念和分类

1. 会计科目的概念

会计科目是按照经济内容对各会计要素的具体内容作进一步分类核算的项目，它是以客观存在的会计要素的具体内容为基础，根据核算和管理的需要而设置的。合理设置会计科目是正确组织会计核算的前提。

2. 会计科目的分类

（1）按所归属的会计要素分类

会计科目按所归属的会计要素，可以分为资产类、负债类、共同类、所有者权益类、成本类和损益类六大类。会计要素与会计科目之间的关系如图 1—18 所示。

（2）按提供信息的详细程度及统驭关系分类

会计科目按提供信息的详细程度及统驭关系，可分为总账科目和明细科目。总账科目是对会计要素按不同经济内容所作的总括分类，是开设总分类账户的依据，如“固定资产”“应收账款”“实收资本”等均属总账科目。明细科目是把总账科目所核算的内容进行进一步划分的项目，作为对总账科目的补充说明，是设

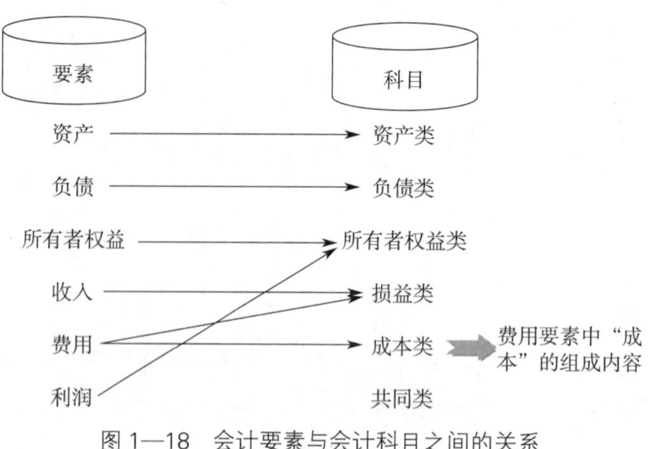

图 1—18　会计要素与会计科目之间的关系

置明细分类账户的依据。例如，在“固定资产”科目下，又按房屋、建筑物、机器设备等具体内容设置明细科目；在“实收资本”科目下，又按不同投资者设置明细科目等。

为了适应经营管理的需要，有些科目还要在总账科目与明细科目之间设置二级科目，在这种情况下，会计科目分为三级，对它们之间的关系，以原材料为例举例说明，见表 1—3。

表 1—3　　总账科目与明细科目的关系

总账科目	明细科目	
一级科目	二级明细科目（子目）	三级明细科目（细目）
原材料	原料及主要材料	圆钢
		角钢
	辅助材料	油漆
		润滑油
	燃料	柴油、煤炭

这里需要阐明的是：不是所有总账科目都要设置明细科目，如“库存现金”等总账科目一般不需要设置明细科目。

二、会计科目的设置原则

会计科目是分类记录经济业务的依据。为了适应宏观管理和对外提供信息的需要，我国基本的会计科目由财政部统一制定。由于各单位经济业务活动的具体内容、规模大小、业务繁简等不同，具体设置会计科目时应考虑各自的特点和具体情况。但无论是什么样的单位，在设置会计科目时都应遵循以下原则：

1. 合法性原则

合法性原则是指所设置的会计科目应当符合国家统一的会计制度的规定。

2. 相关性原则

相关性原则是指会计科目的设置应为提供有关各方面所需要的会计信息服务，满足对外报告与对内管理的要求。

3. 实用性原则

实用性原则是指会计科目的设置应符合自身特点，满足单位实际需要。企业的组织形式、所处行业、经营内容及业务种类等不同，在会计科目的设置上也应有所区别。在合法性的基础上，应根据企业自身特点，设置符合企业需要的会计科目。对于会计科目的名称，在不违背会计科目使用原则的基础上，确定适合本企业的会计科目名称。

三、会计科目

为了便于阐述会计科目的设置和运用，表 1—4 列出了常见会计科目表。

表 1—4 常见会计科目表

序号	编号	会计科目名称	序号	编号	会计科目名称
一、资产类			一、资产类（续）		
1	1001	库存现金	13	1221	其他应收款
2	1002	银行存款	14	1231	坏账准备
3	1011	存放同业	15	1301	贴现资产
4	1012	其他货币基金	16	1401	材料采购
5	1021	结算备付金	17	1402	在途物资
6	1031	存出保证金	18	1403	原材料
7	1101	交易性金融资产	19	1404	材料成本差异
8	1121	应收票据	20	1405	库存商品
9	1122	应收账款	21	1406	发出商品
10	1123	预付账款	22	1407	商品进销差价
11	1131	应收股利	23	1408	委托加工物资
12	1132	应收利息	24	1411	周转材料

续表

序号	编号	会计科目名称	序号	编号	会计科目名称
一、资产类（续）			二、负债类（续）		
25	1421	消耗性生物资产	55	2002	存入保证金
26	1431	贵金属	56	2012	吸收存款
27	1441	抵债资产	57	2021	贴现负债
28	1451	损余物资	58	2101	交易性金融负债
29	1461	融资租赁资产	59	2201	应付票据
30	1471	存货跌价准备	60	2202	应付账款
31	1481	持有待售资产	61	2205	预收账款
32	1501	持有至到期投资	62	2211	应付职工薪酬
33	1502	持有至到期投资减值准备	63	2221	应交税费
34	1503	可供出售金融资产	64	2231	应付股利
35	1511	长期股权投资	65	2232	应付利息
36	1512	长期股权投资减值准备	66	2241	其他应付款
37	1521	投资性房地产	67	2501	长期借款
38	1531	长期应收款	68	2502	应付债券
39	1601	固定资产	69	2701	长期应付款
40	1602	累计折旧	70	2702	未确认融资费用
41	1603	固定资产减值准备	71	2711	专项应付款
42	1604	在建工程	72	2801	预计负债
43	1605	工程物资	73	2901	递延所得税负债
44	1606	固定资产清理	三、共同类		
45	1623	公益性生物资产	74	3001	清算资金往来
46	1701	无形资产	75	3002	外汇买卖
47	1702	累计摊销	76	3101	衍生工具
48	1703	无形资产减值准备	77	3201	套期工具
49	1711	商誉	78	3202	被套期项目
50	1801	长期待摊费用	四、所有者权益		
51	1811	递延所得税资产	79	4001	实收资本
52	1812	独立账户资产	80	4002	资本公积
53	1901	待处理财产损溢	81	4101	盈余公积
二、负债类			82	4102	一般风险准备
54	2001	短期借款	83	4103	本年利润

续表

序号	编号	会计科目名称	序号	编号	会计科目名称
四、所有者权益（续）			六、损益类（续）		
84	4104	利润分配	98	6111	投资收益
五、成本类			99	6301	营业外收入
85	5001	生产成本	100	6401	主营业务成本
86	5101	制造费用	101	6402	其他业务成本
87	5201	劳务成本	102	6403	税金及附加
88	5301	研发成本	103	6411	利息支出
89	5401	工程施工	104	6421	手续费及佣金支出
六、损益类			105	6601	销售费用
90	6001	主营业务收入	106	6602	管理费用
91	6011	利息收入	107	6603	财务费用
92	6021	手续费及佣金收入	108	6604	勘探费用
93	6031	保费收入	109	6701	资产减值损失
94	6041	租赁收入	110	6711	营业外支出
95	6051	其他业务收入	111	6801	所得税
96	6061	汇兑损益	112	6901	以前年度损益调整
97	6101	公允价值变动损益			

四、账户

1. 账户的概念

会计科目的确定，只是对会计的内容进行了科学分类，确定了每个项目的名称。要对经济业务进行连续、系统的记录，反映资产、负债及所有者权益变化及其结果，必须要为会计科目开设相应的账户。

账户是根据会计科目开设的，具有一定的格式和结构，用来连续、分类、系统地记录各项经济业务，反映会计要素增减变动及其结果的工具。账户是按照规定的会计科目开设的，每个会计科目均应开设一个账户。根据总账科目开设的账户叫作总分类账户，用来反映某项经济内容的总括资料；根据二级科目和细目（或户名）开设的账户叫作明细分类账户，用来反映某项经济内容的详细资料。

由于账户与会计科目之间存在这种一一对应的关系，在实际工作中，常常把会计科目与账户等同。然而，会计科目和账户是既有联系又有区别的两个概念。

从联系上看，会计科目是账户的名称，账户是根据会计科目开设的，会计科目的内容通过账户反映出来；从区别上看，会计科目仅指明经济业务的内容，因此只有名称，而账户则反映经济业务的动态和静态情况，除以会计科目作为其名称外，还有一定的结构形式，即账户是由名称和结构组成。

2. 账户的结构

账户的结构是指登记经济业务内容的具体账簿格式。经济活动是错综复杂的，在每项经济业务中影响会计对象具体内容发生变动的不外乎增加和减少两种情况。为了全面、清楚地反映和控制这种经济业务引起资金增减变动的情况，就需要把账户划分为左右两方，用以分别登记各项会计要素的增加和减少的数额。账户的左右两方就构成了账户最基本的结构。为了反映各项目的增减变动结果，账户还必须具备反映各项目的余额部分。账户的基本结构可用“T”形账户表示。各类账户的结构在借贷记账法下借方、贷方所登记的内容以及余额的方向，可以归纳成表 1—5。

表 1—5　　账户的结构

借方　　账户名称　　贷方

借方	贷方
资产的增加 负债的减少 所有者权益的减少 费用（成本）的增加 收入的减少	资产的减少 负债的增加 所有者权益的增加 费用（成本）的减少 收入的增加
资产的期末余额	负债的期末余额 所有者权益的期末余额

至于账户的左右两方，哪一方登记增加额，哪一方登记减少额，则取决于所采用的记账方法和各账户所记录的经济内容。通过账户记录的金额，可以提供期初余额、本期增加发生额、本期减少发生额和期末余额四个核算指标。一定时期内（月度、季度或年度）账户中所登记的增加额合计，叫作本期增加发生额；一定时期内账户所登记的减少额合计，叫作本期减少发生额。本期增加发生额和本期减少发生额统称为本期发生额，它反映有关会计要素的增减变动情况及本期经济活动的全过程。本期增加发生额与本期减少发生额之差就是期末余额，它反映有关会计要素增减变动的结果。本期期末余额即为下期期初余额。

账户本期发生额和余额的关系也称为账户的结算公式，即：

期末余额 = 期初余额 + 本期增加发生额 - 本期减少发生额

在实际工作中，为了便于考查每项经济业务的内容、记账时间及记账依据，账户的结构除反映增加、减少、余额三栏外，还要分别列出日期、凭证号数、摘要、账户名称等内容。

第四节　借贷记账法

记账方法是根据一定的原理和原则，运用货币计量单位，利用文字和数字来记录经济业务的方法。我国目前的记账方法是借贷记账法。借贷记账法是以“借”和“贷”为记账符号的一种复式记账方法，其理论依据是“资产 = 负债 + 所有者权益”这一基本会计等式。借贷记账法作为一种科学的记账方法，它包括记账符号、会计科目结构、记账规则、试算平衡等基本内容。

一、借贷记账法的记账符号

借贷记账法以“借”和“贷”为记账符号。为了便于记账，采用复式记账法时，对所设立的账户都要固定记账方向。表示记账方向的记号，就是记账符号。记账符号是区分各种复式记账法的重要标志。

在借贷记账法下，作为记账符号的“借”和“贷”二字具有两层含义，如图1—19所示。

借方	会计科目　　　　贷方
资产的增加 成本、费用支出的增加 负债的减少 所有者权益的减少 收入成果的减少	资产的减少 成本、费用支出的减少 负债的增加 所有者权益的增加 收入成果的增加

图1—19　“借”和“贷”的含义

第一层含义表示资金增减变动情况。“借”表示资金运动时，一方面表示资产、成本、费用支出的增加（即资金运用增加），另一方面表示负债、所有者权益、收入成果的减少（即资金来源减少）。“贷”表示资金运动时，一方面表示负债、所有者权益、收入成果的增加（即资金来源增加），另一方面表示资产、成本、费用支出的减少（即资金来源减少）。

第二层含义表示记账的方向或栏目。“借”表示账户的左方，“贷”表示账户的右方。

“借”“贷”含义取决于科目的性质及结构。为了方便理解，科目基本结构可以简化为“T”形结构，如图 1—20 所示。

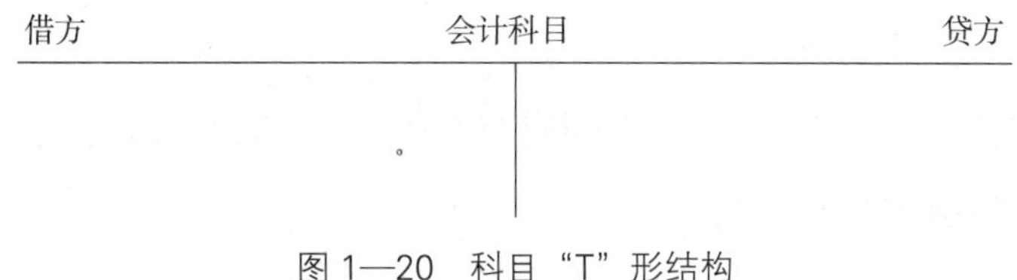

图 1—20　科目“T”形结构

二、借贷记账法的会计科目结构

借贷记账法一般设置资产类、负债类、所有者权益类、成本类和损益类五类会计科目。

1. 资产类科目结构

资产类科目结构如图 1—21 所示。

借方　资产类科目	贷方
期初余额：	
本期增加发生额：	本期减少发生额：
期末余额：	

图 1—21　资产类科目结构

资产类科目的三个要点：

（1）“借”表示增加，“贷”表示减少。

（2）余额一般在借方。

（3）期末余额 = 期初余额 + 本期借方发生额 − 本期贷方发生额。

2. 负债类科目结构

负债类科目结构如图 1—22 所示。

借方	负债类科目 贷方
本期减少发生额：	期初余额： 本期增加发生额：
	期末余额：

图 1—22　负债类科目结构

负债类科目的三个要点：

（1）“贷”表示增加，“借”表示减少。

（2）余额一般在贷方。

（3）期末余额 = 期初余额 + 本期贷方发生额 − 本期借方发生额。

3. 所有者权益类科目结构

所有者权益类科目结构如图 1—23 所示。

借方	所有者权益类科目 贷方
本期减少发生额：	期初余额： 本期增加发生额：
	期末余额：

图 1—23　所有者权益类科目结构

所有者权益类科目的三个要点：

（1）“贷”表示增加，“借”表示减少。

（2）余额一般在贷方。

（3）期末余额 = 期初余额 + 本期贷方发生额 − 本期借方发生额。

4. 成本类科目结构

成本类科目结构如图 1—24 所示。

借方	成本类科目 贷方
期初余额： 本期增加发生额：	本期减少发生额：
期末余额：	

图 1—24　成本类科目结构

成本类科目的三个要点：

（1）“借”表示增加，“贷”表示减少。

（2）余额一般在借方。

（3）期末余额 = 期初余额 + 本期借方发生额 - 本期贷方发生额。

5. 损益类科目结构

损益类科目包括收入科目和费用支出科目，由于它们的性质不同，科目的结构也不同。

（1）收入科目结构如图 1—25 所示。

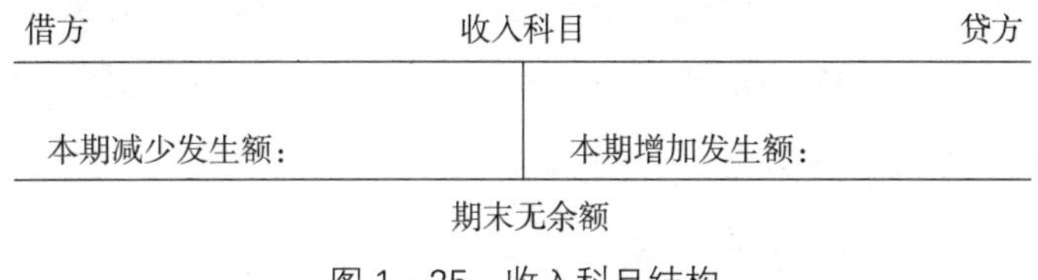

图 1—25 收入科目结构

收入科目的两个要点：

1）“贷”方表示增加，“借”方表示减少。

2）期末一般无余额。

（2）费用支出科目结构如图 1—26 所示。

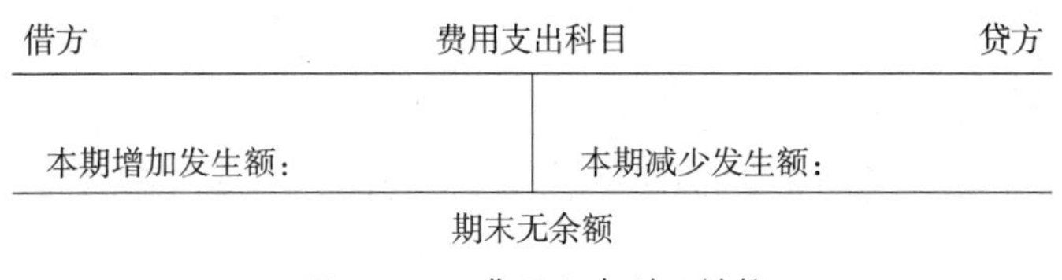

图 1—26 费用支出科目结构

费用支出科目的两个要点：

1）“借”方表示增加，“贷”方表示减少。

2）期末一般无余额。

三、借贷记账法的记账规则

借贷记账法的记账规则是“有借必有贷，借贷必相等”。运用记账规则时，首先，要考虑经济业务涉及的科目；其次，确定这些科目的金额是增加还是减少；最后，根据科目借贷方结构的规定，确定各科目应借、应贷方向及其金额。

四、会计分录——借贷记账法的运用

1. 会计分录的含义

会计分录是借贷记账法的具体应用，即按照借贷记账法规则，对每项经济业务应借、应贷科目的名称及其金额的记录。在实际工作中，会计分录是通过记账凭证加以表现的。在借贷记账法下，编制会计分录应遵循以下几个步骤：

（1）分析每项经济业务所涉及的会计要素。

（2）确定应登记的账户名称，分析是增加还是减少。

（3）根据账户的性质和结构，确定应记入账户的方向（借或贷）。

（4）确定应记入账户的金额。

（5）检查、复核会计分录的正确性。

现举例说明编制会计分录的方法。

【例 1-1】某投资人以银行存款 300 000 元向企业投资，投资款已转存银行存款账户。

借：银行存款　　300 000

　　贷：实收资本　　300 000

【例 1-2】企业以银行存款 50 000 元，偿还欠本市金属材料公司的货款。

借：应付账款　　50 000

　　贷：银行存款　　50 000

【例 1-3】企业用银行存款购买一批材料，价款 10 000 元。

借：原材料　　10 000

　　贷：银行存款　　10 000

【例 1-4】企业向银行借入短期借款 50 000 元，偿还应付账款。

借：应付账款　　50 000

　　贷：短期借款　　50 000

【例 1-5】企业将本年实现的利润按规定分配给投资者 80 000 元，款项尚未支付。

借：利润分配　　80 000

　　贷：应付股利　　80 000

2. 会计分录的分类

会计分录有简单会计分录和复合会计分录两种。简单会计分录是一借一贷的分录,【例 1-1~5】都是简单会计分录。复合会计分录是指一借多贷、多借一贷或多借多贷的会计分录。现举例说明复合会计分录的编制方法。

【例 1-6】企业购入材料一批，价款 50 000 元，其中 40 000 元用银行存款支付，10 000 元尚未支付。编制复合会计分录如下：

借：原材料 50 000

　　贷：银行存款 40 000

　　　　应付账款 10 000

【例 1-7】企业用现金 1 000 元支付办公用品购置费，其中 600 元办公用品为公司总部所领用，400 元办公用品为生产车间所领用。编制复合会计分录如下：

借：管理费用 600

　　制造费用 400

　　贷：库存现金 1 000

复合会计分录实际上是由若干简单会计分录复合而成的。一笔复合会计分录可以分解为若干简单会计分录，而若干简单会计分录又可复合为一笔复合会计分录。如【例 1-6】的复合会计分录可分解为以下两个简单会计分录：

①借：原材料 40 000

　　贷：银行存款 40 000

②借：原材料 10 000

　　贷：应付账款 10 000

【例 1-7】的复合会计分录可分解为以下两个简单会计分录：

①借：管理费用 600

　　贷：库存现金 600

②借：制造费用 400

　　贷：库存现金 400

第二章　会计凭证与账簿

学习目标

1. 熟悉会计凭证的概念和种类，掌握会计凭证填制和审核的方法。

2. 明确会计凭证填制要素，了解填制原则。

3. 了解账簿的种类和作用，熟悉账簿的设置和登记规则，掌握账簿的登记方法及错账的更正方法。

填制会计凭证与登记账簿是会计核算的基础工作。账簿是由具有一定格式又相互连接的账页所组成，它以会计凭证为依据，全面、连续、科学地记录和反映各种经济业务。

第一节 会计凭证

会计凭证是记录经济业务事项发生或完成情况，明确经济责任，具有法律效力的书面证明，是登记账簿的依据。填制和审核会计凭证是会计工作的起点及基本环节。正确填制和严格审核会计凭证是登记账簿的前提和依据，是会计核算的基础工作，也是实行会计监督的一种专门方法。

一、会计凭证的种类

按填制程序和在经济管理中用途的不同，会计凭证可分为原始凭证和记账凭证两大类。

1. 原始凭证

原始凭证是指在经济业务发生时，由业务经办人员直接取得或填制的，载明经济业务具体内容的最初书面证明。它是证明经济业务已经发生，经济责任已经明确，进行会计核算的原始资料和重要依据，是会计资料中最具有法律效力的一种证明文件。原始凭证零星分散，种类繁多，可按不同的标志加以分类。

（1）按来源分类，原始凭证可分为自制原始凭证和外来原始凭证。

1）自制原始凭证也称自制凭证，是指在经济业务事项发生时或完成后，由本单位经办业务的部门和人员自行填制的原始凭证，如收料单、领料单、产品入库单、产品出库单、成本计算单等。领料单的一般格式见表 2—1。

表 2—1　　　　　　　　（企业名称）领料单

领料单位:　　　　　　　　　　　　　　　　　　　　　凭证编号:

用途:　　　　　　　　　　年　月　日　　　　　　　　发料单位:

材料类别	材料编号	材料名称及规格	计量单位	数量		单价	金额
				请领	实发		
备注:						合计	

记账:　　　　　发料人:　　　　　领料主管部门:　　　　　领料人:

2）外来原始凭证也称外来凭证，是指在经济业务发生时或完成后，从本单位以外取得的原始凭证，如采购时取得的发货票、出差乘车船的车船票、货物运单等。发货单的一般格式见表 2—2。

表 2—2　　　　　　　　（企业名称）发货单

购货单位:

结算方式:　　　　　　　　午　月　日　　　　　　　　编号:

品名及规格	单位	数量	单价	金额
合计	人民币（大写）		¥:	

会计:　　　　　　　　复核:　　　　　　　　制单:

（2）按填制手续的次数分类，原始凭证可分为一次凭证和累计凭证。

1）一次凭证是指仅反映一项经济业务或多项同类经济业务的凭证，其填制手续是一次完成的，只可使用一次。外来凭证都是一次凭证，自制凭证中绝大多数也是一次凭证，如收料单、领料单等。

2）累计凭证是指在一定期间内连续多次记载若干项不断重复发生的同类经济业务，直到期末才填制完成，以期末累计数作为入账依据的原始凭证，如企业常用的限额领料单、领料登记簿等。限额领料单的格式见表 2—3。使用累计凭证可以简化核算手续，减少凭证数量，能对材料消耗、成本管理过程起事先控制作用，是企业强化内部管理的重要手段之一。

表 2—3　　　　（企业名称）限额领料单

领料单位：　　　　　　　　　　　　　　编号：

用途：　　　　　　　年　月　日　　　　发料仓库：

材料编号	材料名称及规格	计量单位	领用限额	实际领用			计划产量	单位消耗定额
				数量	单价	金额		

日期	请领		实发			退回			限额结余
	数量	单位负责人签章	数量	发料人签章	领料人签章	数量	收料人签章	退料人签章	
	合计								

生产计划部门：　　　　　　供应部门：　　　　　　仓库：

在实际工作中，可以把一定期间许多项同类经济业务的原始凭证汇总起来，填制原始凭证汇总表，以简化核算手续，如发料凭证汇总表、业务收入汇总表等。发料凭证汇总表的具体格式见表 2—4。

表 2—4　　　　发料凭证汇总表

第　　号

单位名称：　　　　　　　　　　附件　　张

借方科目 材料	生产成本基本生产	生产成本辅助生产	制造费用	管理费用	合计

复核：　　　　　　　　　　　　制表：

2. 记账凭证

记账凭证是指会计人员根据审核无误的原始凭证或原始凭证汇总表，按照经济业务事项的内容加以归类，并据此确定会计分录后所填制的会计凭证，它是登记账簿的直接依据。由于记录经济业务的原始凭证不能清楚地表明应记入账户的名称和方向，而且种类多、数量大、格式不一，因此根据记账凭证记账，原始凭证则作为记账凭证的附件。

记账凭证按其内容和形式不同，可分为单式记账凭证和复式记账凭证。

（1）单式记账凭证

单式记账凭证是按一项经济业务内容所涉及的会计科目分别填制的记账凭证。其主要特点是：一个会计科目填制一张记账凭证，经济业务涉及几个会计科目就要填制几张记账凭证。单式记账凭证的一般格式见表 2—5。

表 2—5　　　　借（或贷）项记账凭证

年　月　日　　　　　　　　　　　　字　第　　号

摘要	会计科目	明细科目	金额	记账
合计				

财务主管：　　　　　　记账：　　　　　　复核：

（2）复式记账凭证

复式记账凭证是指把一项经济业务内容所涉及的全部会计科目填制在一张凭证上（有些复杂的经济业务涉及的会计科目较多，可能要填制两张以上，但仍视同一张看待）的记账凭证。任何一项经济业务至少要填两个相互对应的会计科目及有关内容。复式记账凭证按反映经济业务与现金和银行存款的收付有无联系，可分为收款凭证、付款凭证和转账凭证三种。

1）收款凭证是为了反映库存现金、银行存款增加的经济业务而编制的记账凭证。收款凭证是根据现金和银行存款收入业务的原始凭证填制的。收款凭证的格式见表 2—6。

表 2—6 收款凭证

借方科目：　　　　年　月　日　　　　字第　　号

摘要	贷方总账科目	明细科目	记账符号	金额									
				千	百	十	万	千	百	十	元	角	分
合计													

附单据（　）张

财务主管：　记账：　出纳：　审核：　制单：

2）付款凭证是为了反映库存现金、银行存款减少的经济业务而编制的记账凭证。付款凭证是根据现金和银行存款付出业务的原始凭证填制的。付款凭证的格式见表 2—7。

表 2—7 付款凭证

贷方科目：　　　　年　月　日　　　　字第　　号

摘要	借方总账科目	明细科目	记账符号	金额									
				千	百	十	万	千	百	十	元	角	分
合计													

附单据（　）张

财务主管：　记账：　出纳：　审核：　制单：

3）转账凭证是用于记录不涉及现金和银行存款收付的转账业务的记账凭证。转账凭证是根据转账业务的原始凭证填制的。转账凭证的格式见表 2—8。

表 2—8

转账凭证

年　月　日　　　　　　　　字第　　　号

摘要	总账科目	明细科目	借方金额										记账符号	贷方金额										记账符号
			千	百	十	万	千	百	十	元	角	分		千	百	十	万	千	百	十	元	角	分	
合计																								

附单据（　）张

财务主管：　　　记账：　　　出纳：　　　审核：　　　制单：

对于现金和银行存款之间的划转业务，如从银行提取现金或将现金存入银行，为了避免重复记账，一般只编制付款凭证，不编制收款凭证。

实际工作中，为了简化记账凭证，也可采用一种通用格式的记账凭证。这种凭证不分收款凭证、付款凭证和转账凭证，对于收、付款和转账业务均适用。其格式和填制方法与转账凭证基本相同。

对于经济业务较多的单位，为了减少登记总分类账的手续，可根据记账凭证编制记账凭证汇总表（或汇总记账凭证），汇总登记总分类账。通过编制记账凭证汇总表（或汇总记账凭证），可以起到试算平衡的作用，避免和减少记账技术上的差错。记账凭证汇总表的一般格式见表 2—9。

表 2—9

记账凭证汇总表

年　月　日至　　年　月　日　　　　汇字第　　　号

会计科目	账页	借方	贷方	记账凭证起止号码
合计				

会计主管：　　　记账：　　　复核：　　　制单：

二、原始凭证的填制和审核

1. 原始凭证的基本要素

企业单位的经济业务是千变万化的，即使是一个单位，所发生的经济业务内容也是不同的。所以，原始凭证的格式和内容也不相同。不论是哪种原始凭证，必须具备以下基本要素：

（1）名称。

（2）编号。

（3）填制日期。

（4）填制和接受原始凭证的单位名称或填制人姓名。

（5）经济业务的内容摘要。

（6）所涉及经济业务的实物数量、计量单位、单价和金额总量。

（7）有关部门与经办人员的签名或者盖章以及凭证附加条件。

2. 原始凭证的填制

（1）原始凭证的填制要求

为了保证在原始凭证中正确记录经济业务，提高会计核算质量，原始凭证的填制必须符合下列基本要求：

1）填制及时。填制及时是指在经济业务发生或完成时，要及时填制原始凭证，不得拖延或事后追记，并要按规定的程序传递和审核，以便据此编制记账凭证。

2）内容完整。内容完整要求对凭证所规定的基本内容要逐项填写齐全，不可遗漏少填。

3）真实可靠。在填制原始凭证时，应当严肃认真地记录各项已经完成的经济业务的真实情况，做到数字计算正确、内容真实可靠，不弄虚作假。

4）清楚规范。原始凭证上的数字和文字必须书写清楚，不得字迹潦草或任意简化。原始凭证的格式应符合规范要求，以便装订保管和使用。单页原始凭证必须使用蓝黑墨水笔填写，复写原始凭证可使用圆珠笔，但必须写透，凭证中的数字可采用阿拉伯数字和汉字。阿拉伯数字要逐个填写，不得连写；在金额数字前面应填写人民币符号“¥”；在人民币符号与数字之间不得留空白；以元为单位的金额一律写到角分，无角分的补“0”表示。汉字大写金额应用正楷字或行书字书写，大写金额前应有“人民币”字样，中间不得留空格，大写金额最后没有“分”位的均应加“整”字断尾。阿拉伯金额数字中间有一个或几个“0”时，汉字大写金额只用一个“零”字表示。发票中的大写金额应对位填写数字，没有数字的应写上“零”字。

5）责任明确。经办人员必须在原始凭证上签名或盖章，便于明确责任。

（2）原始凭证的填制方法

绝大部分原始凭证不是由会计人员填制的，而是由有关单位或本单位有关人员填制的。因此，会计人员不仅本身应掌握原始凭证的内容和填制方法，而且要做好宣传和辅导工作，使有关人员了解填制凭证的意义、要求和填制方法，把原始凭证的填制工作做好。下面举例说明原始凭证的填制方法。

【例 2-1】2019 年 5 月 15 日，腾云科技有限公司销售给五星商场 A 产品 50 件，每件售价 490 元，货款 24 500 元，增值税 3 185 元，共计 27 685 元。销售部门售出产品时应填制增值税专用发票一张，其格式和填制方法见表 2—10，将收到的现款送存银行时，该发票作为会计记账的依据。第二联作为银行的收款传票，其格式见表 2—11。

表 2—10　　某某增值税专用发票　　No：0123456789

3502264320　　发票联　　3502161330 1280322865

校验码 68642201553946815486　　开票日期：2019 年 05 月 15 日

<table>
<tr><td>购货单位</td><td colspan="5">名　　称：五星商场
纳税人识别号：91350305MA2yH9862P
地址、电话：万博大厦二路 882 号 0592-99622166
开户行及账号：中国银行股份有限公司某某支行 402685157866</td><td>密码区</td><td colspan="2"></td></tr>
<tr><td colspan="2">货物或应税劳务、服务名称</td><td>规格型号</td><td>单位</td><td>数量</td><td>单价</td><td>金额</td><td>税率</td><td>税额</td></tr>
<tr><td colspan="2">A 产品</td><td>SAGHVB</td><td>件</td><td>50</td><td>490</td><td>24500.00</td><td>13%</td><td>3185.00</td></tr>
<tr><td colspan="2">合计</td><td></td><td></td><td></td><td></td><td>24500.00</td><td>13%</td><td>3185.00</td></tr>
<tr><td colspan="2">价税合计（大写）</td><td colspan="7">⊗贰万柒仟陆佰捌拾伍元整（小写）￥27685.00</td></tr>
<tr><td>销售单位</td><td colspan="5">名　　称：腾云科技有限公司
纳税人识别号：91440300095978665J
地址、电话：松林工业园区 B 座 1304 号 0592-98622479
开户行及账号：中国银行股份有限公司某某支行 402685737453</td><td>备注</td><td colspan="2"></td></tr>
</table>

税总函（2019）888 号某某印刷有限公司

第二联：发票联　购货方记账凭证

收款人：某某某　　复核：某某某　　开票人：某某某　　销售方：（章）

表 2—11　　　　　　　　　　银行收款传票样式

中国银行进账单

类别	张数

银行收账日期：2019 年 05 月 15 日　　　　No：0031255

交款单位	腾云科技有限公司	开户银行	中国银行某某支行
		账号	402685737453

款项来源				千	百	十	万	千	百	十	元	角	分
							2	7	6	8	5	0	0

人民币（大写）贰万柒仟陆佰捌拾伍元整　　¥：27685.00

复核：　　　　　　记账：

第一联：退交款单位

第二联：收款方传票

复核：　　　　　　记账：

增值税专用发票也属于一种套写的原始凭证，一般一式五联。第一联为存根联，由填制人留存备查；第二联为发票联，购货方作为付款凭证；第三联为税款抵扣联；第四联为销货方记账联；第五联为提货联，付款方凭此提货。

【例 2-2】×× 年 12 月 18 日，采购员李 × 出差前向财务部门预借款项 1 000 元，出纳员审核借款单后，当即以现金支付。

采购员李 × 向财务部门借款需填制借款单。借款单属于单页凭证，其格式和填制方法见表 2—12。

表 2—12　　　　　　　　　　借款单

工作部门	业务科	职务	采购员	姓名	李 ×	盖章	×××
借支金额	人民币（大写）壹仟元整				¥1 000.00		
借款原因	赴上海采购原材料			附证件			
还款日期	12 月 25 日						
审批	同意借支：×××			12.18			

【例 2-3】×× 年 12 月 18 日，出纳员开出现金支票提取现金 1 000 元备用。现金支票的格式和填制方法见表 2—13。

表 2—13　　　　现金支票的格式和填制方法

中国工商银行现金支票存根
支票号码：No：092901
科目：____________
对方科目：____________
签发日期：×× 年 12 月 18 日

收款单位 （或收款人）名称：财务科 金额：¥1 000.00 元 用途或预算科目或现金出纳计划 项目：零星备用 备注：
收款人签字 ×× 年 12 月 18 日

单位主管：　　会计：
复核：　　记账：

中国工商银行现金支票　支票号码
No：092001

总字第　　号
字第　　号

签发日期：×× 年 12 月 18 日　　开户银行：解放路支行

<table>
<tr><td>收款单位（收款人）名称：
帝成环卫科技有限公司</td><td colspan="8">签发单位账号：
078800000456</td></tr>
<tr><td rowspan="2">人民币
（大写）壹仟元整</td><td>十</td><td>万</td><td>千</td><td>百</td><td>十</td><td>元</td><td>角</td><td>分</td></tr>
<tr><td></td><td>¥</td><td>1</td><td>0</td><td>0</td><td>0</td><td>0</td><td>0</td></tr>
<tr><td>用途或预算科目或现金出纳
项目：零星备用</td><td colspan="8" rowspan="2">银行会计分录
科目（付）______
付款日期　年　月　日

出纳　　复核　　记账</td></tr>
<tr><td rowspan="2">上列账款申请由____账户付给

签发单位盖章</td></tr>
<tr><td colspan="6">贴对号单处</td><td colspan="2"></td></tr>
</table>

（请收款单位或收款人在背面盖章）

现金支票属于单项凭证。出纳员填写时，一方面应按要求准确、完整地填写支票；另一方面还要填写好支票存根，并在支票上加盖企业在银行预留的印鉴，在支票上背书后方可向银行提取现金，支票存根可作为编制记账凭证的依据。

【例 2-4】×× 年 12 月 5 日，帝成环卫科技有限公司生产计划科为铸造车间开具 12 月限额领料单一张，限额领用灰口铁 39 000 kg，限额领料单的填制见表 2—14。

12 月铸造车间前后共三次向仓库领用灰口铁 38 000 kg，每次领发料时及月末应填制限额领料单，其填制方法见表 2—15。

表 2—14　　帝成环卫科技有限公司限额领料单　　No.：000478

领料部门：铸造车间　　× × 年 12 月 5 日

用途：B 产品　　发料仓库：× × ×　　材料名称：灰口铁　　计量单位：kg

日期	请领数量	实发数量	累计实发数量	领料部门（盖章）	收料人（盖章）

累计实发金额（大写）:　　¥ :

供应部门：× × ×　　生产计划部门：× × ×　　仓库发料：× × ×

表 2—15　　帝成环卫科技有限公司限额领料单　　No.：000478

领料部门：铸造车间　　× × 年 12 月 5 日

用途：A 产品　　发料仓库：× × × ×　　材料名称：灰口铁　　计量单位：kg

日期	请领数量	实发数量	累计实发数量	领料部门（盖章）	收料人（盖章）
10	13 000	13 000	13 000	× × ×	× × ×
20	12 000	12 000	25 000	× × ×	× × ×
28	13 000	13 000	38 000	× × ×	× × ×

累计实发金额（大写）：叁万捌仟元整　　¥ 38 000.00

供应部门：× × ×　　生产计划部门：× × ×　　仓库发料：× × ×

3. 原始凭证的审核

由于原始凭证来自四面八方，且经办人员水平不一，因此通常会有计算错误和填制不正确的情况发生，也可能存在假冒伪造，记录的经济业务不合理、不合法等情况。原始凭证只有经过指定的会计人员审核无误后，才能作为记账的依据。会计人员不能逢单即记、见证必录，而应对凭证进行仔细、严格的审核。原始凭证审核的主要内容有以下几个方面:

（1）合法性

审核所发生的经济业务是否符合国家有关规定要求，以及是否有违反财经制度的现象。

（2）真实性

审核原始凭证中所列的经济业务事项是否真实，有无弄虚作假的情况。

（3）合理性

审核所发生的经济业务是否符合厉行节约、反对浪费、有利于提高经济效益的原则，有无违反该原则的情况。

（4）完整性

审核原始凭证是否填写完整，有无未填或填写不清楚的情况。

（5）正确性

审核原始凭证在计算方面是否存在失误。

三、记账凭证的填制和审核

1. 记账凭证的基本要素

记账凭证是根据审核无误的原始凭证或原始凭证汇总表填制的，是登记账簿的直接依据。记账凭证虽然种类繁多，其格式和内容也不尽相同，但都是为了反映经济业务内容，作为登记账簿的依据。因此，记账凭证都具有共同的基本要素，一般包括以下几个方面：

（1）名称。

（2）填制日期。

（3）编号。

（4）经济业务事项的内容摘要。

（5）经济业务事项所涉及的会计科目（包括一级科目、二级或明细科目）的名称、记账方向（借或贷）和金额。

（6）所附原始凭证及原始凭证汇总表张数。

（7）记账标记。

（8）会计主管、制证、复核、记账等有关人员签名和盖章。

2. 记账凭证的填制

（1）记账凭证的填制要求

记账凭证的填制是会计核算工作的重要环节，是对原始凭证进行整理和分类，并按复式记账法的要求，运用会计科目，确定会计分录，为登记账簿做准备。记账凭证除用于调整结账和错误更正等方面可根据有关账簿记录填制外，其余都是根据原始凭证或原始凭证汇总表填制的，是登记账簿的直接依据。记账凭证的填制要求如下：

1）严格审核原始凭证。首先审核凭证是否合法，其次审核凭证内容是否完备。对相同的经济业务可进行归类，编制原始凭证汇总表。

2）会计分录必须正确。对原始凭证及原始凭证汇总表中所记录的经济业务内容，按照会计制度的规定，运用复式记账的方法，确定应借、应贷账的对应关系和金额。不得随意简化、变更会计科目的名称，更不能把不同性质的经济业务填制在一张记账凭证内。

根据借贷记账法的要求，在填制记账凭证时，要遵循先借后贷、一借多贷或一贷多借的原则，一般不允许随意填制多借多贷的记账凭证，以防止账户对应关系不清。

3）正确填写摘要。记账凭证摘要是对经济业务的简要说明，对于登账、查账、查阅凭证都十分重要，必须针对不同经济业务的性质、特点正确填写，不得漏填错填。填写的要求是：既简捷，又明确。

4）正确填写记账凭证的日期。收、付款业务因为要登入当天的日记账，故收、付款凭证的日期应是货币资金收、付的实际日期，与原始凭证的日期不一定一致。转账凭证以收到原始凭证的日期为准，有时也可以填制记账凭证的日期为准。本月对上月的经济业务处理，可按上月最后一天的日期填写。

5）记账凭证要正确编号。记账凭证应按月编号，并根据不同的情况采用不同的编号方法。如果记账凭证采用统一的格式（通用格式），凭证的编号可采用顺序编号法，即按月编顺序号。如果按照经济业务的内容分类，采用收款、付款、转账三种记账凭证，则记账凭证的编号应采用字号编号法，即把不同类型的记账凭证用字号加以区别，再把同类记账凭证按顺序编号，具体编为“收字第 × × 号”“付字第 × × 号”“转字第 × × 号”。如果一笔经济业务需要填制一张以上的记账凭证时，记账凭证的编号可采用分数编号法。例如，一笔转账业务需填制三张记账凭证，当记账凭证的顺序号为 28 号时，则该经济业务的三张记账凭证的号数分别为“转字第 28 1/3 号”“转字第 28 2/3 号”“转字第 28 3/3 号”。其编号的整数部分表示业务顺序为第 28 号，分子表示三张凭证中的第一张、第二张和第三张，分母表示该笔业务的记账凭证共有三张。

不论采用哪种方法编号，都应在每月最末一张凭证上的编号旁注明“全”字，以便检查凭证有无散失。

6）准确填写附件张数。填制记账凭证时，应认真查对所附原始凭证的种类、张数，以保证所记录的经济业务的内容和数字正确，防止重复填制，并在记账凭证上注明所附原始凭证的张数。记账凭证可以根据每一张原始凭证单独填制，也可以根据同类经济业务的许多份原始凭证填制，还可以根据汇总的原始凭证填制。在根据同一原始凭证填制一张以上的记账凭证时，必须在最后附原始凭证，记账凭证的摘要栏里注明“单据 × 张，附在第 × 号记账凭证上”，以便复核和日后查阅。

7）正确填写金额合计。在复式记账凭证上一定要填写金额合计，以便在填制记账凭证时就能检查出借贷双方的金额是否平衡，总分类科目与二级科目或明细分类科目的金额合计是否相等，以及会计分录是否正确等。

8）印章齐全，责任明确。记账凭证各栏填齐后，有关负责人和经办人员应予签章，每张记账凭证须有两个以上会计人员签章才能生效。收、付款记账凭证还须有出纳人员的签章。

（2）记账凭证的填制方法

记账凭证的填制是在财务部门进行的。由于记账凭证的种类不同，其填制的方法不完全相同。现以前述填制的原始凭证反映的经济业务举例说明记账凭证的填制方法。

【例 2-5】根据前述表 2—10 专用发票第二联销售记账联和表 2—11 进账单回单填制收款凭证，见表 2—16。

表 2—16　收款凭证

借方科目：银行存款　日期：2019 年 05 月 15 日　银收字第　号总字　号

摘要	贷方科目		记账符号	金额									
	总账科目	明细科目		千	百	十	万	千	百	十	元	角	分
货款存入银行	主营业务收入		√				2	4	5	0	0	0	0
销货增值税	应交税费	销项税额	√					3	1	8	5	0	0
合计							2	7	6	8	5	0	0

会计主管：　复核：　制证：×××　记账：　出纳：×××

【例 2-6】根据前述表 2—12 借款单，填制付款凭证，见表 2—17。

表 2—17　　　　付款凭证

贷方科目：库存现金　　日期：×× 年 12 月 18 日　　现付字第　号　总字　号

摘要	借方科目		记账符号	金额										
	总账科目	明细科目		万	千	百	十	万	千	百	十	元	角	分
李某出差借支	库存现金		√						1	0	0	0	0	0
合计									1	0	0	0	0	0

会计主管：　　复核：　　制证：×××　　记账：　　出纳：×××

【例 2-7】根据前述表 2—13 的现金支票，填制付款凭证，见表 2—18。

表 2—18　　　　付款凭证

贷方科目：银行存款　　日期：×× 年 12 月 18 日　　银付字第　号总字　号

摘要	借方科目		记账符号	金额										
	总账科目	明细科目		万	千	百	十	万	千	百	十	元	角	分
提取备用金	库存现金		√						1	0	0	0	0	0
合计									1	0	0	0	0	0

会计主管：　　复核：　　制证：×××　　记账：　　出纳：×××

【例 2-8】根据前述表 2—15 限额领料单，填制转账凭证，见表 2—19。

表 2—19　　　　转账凭证

日期：×× 年 12 月 28 日　　转字第　　号总字　　号

摘要	会计科目		记账符号	借方金额								贷方金额							
	总账科目	明细科目		十	万	千	百	十	元	角	分	十	万	千	百	十	元	角	分
领用灰口铁 38 000 kg	生产成本	铸造车间	√		3	8	0	0	0	0	0								
单价 1 元 / 千克	原材料	灰口铁	√										3	8	0	0	0	0	0
合计					3	8	0	0	0	0	0		3	8	0	0	0	0	0

会计主管：　　复核：　　制证：×××　　记账：　　出纳：×××

以上业务，还可以根据企业特点填制通用格式的记账凭证，其格式和填制方法与转账凭证基本相同。

3. 记账凭证的审核

为了保证记账凭证的正确性，对填制的记账凭证必须指定业务熟练、经验丰富的会计人员对记账凭证进行审核，确认无误后，才能作为记账依据，审核的主要内容包括以下几个方面:

（1）记账凭证是否附有原始凭证，所附原始凭证的张数、金额与记账凭证是否相符；记账凭证反映的经济业务内容是否与原始凭证相符。对一些需要单独保管的主要原始凭证或文件，以及数量较多的原始凭证，如不能附在记账凭证后，应当由有关会计人员在记账凭证上注明。

（2）记账凭证中的会计分录，应借、应贷的会计科目是否正确，对应关系是否清楚，所记金额与原始凭证的金额是否一致，金额明细合计数与合计金额是否相等，借贷两方是否平衡，一级科目金额合计与所属明细科目金额合计是否相等。

（3）记账凭证中所要求填写的项目是否填写齐全，内容是否完整，有无差错，有无有关人员签名或盖章。

（4）摘要是否简明扼要、说明清楚。

在审核过程中若发现记账凭证有错或记录不全时，应查明原因，一般交原制证人员重新编制正确的记账凭证，或采用规定的方法予以更正。只有经过审核无误的记账凭证，才能据以登记合计账簿。

第二节 账簿

记录在记账凭证上的会计信息是分散的，只有经过加工整理后的信息才能集中、准确地反映企业所发生的经济业务。为了把会计凭证中的会计信息进行归类和系统管理，就必须设置和登记会计账簿。

一、账簿的内涵

1. 账簿的概念

账簿是指由一定格式的账页组成的，以经过审核的记账凭证为依据，全面、系统、连续地记录各项经济业务的簿籍。对于账簿的概念，可以从两方面进行理解：一是从外表形式看，账簿是由具有一定格式的账页连接而成的簿籍；二是从记录的内容看，账簿是对各项经济业务进行分类和序时记录的簿籍。设置和登记账簿，是编制财务报表的基础，是连接会计凭证与财务报表的中间环节，在会计核算中具有十分重要的作用。

2. 账簿的分类

（1）按用途分类

按用途不同，账簿可分为序时账簿、分类账簿和备查账簿三种。

1）序时账簿又称日记账，是按照经济业务发生或完成时间的先后顺序逐日逐笔进行登记的账簿。在我国，大多数单位一般只设置库存现金日记账和银行存款日记账。

2）分类账簿是对全部经济业务事项按照会计要素的具体类别设置的分类账户进行登记的账簿。分类账簿按照分类的概括程度不同，又可分为总分类账和明细分类账两种。按照总分类账户分类登记经济业务事项的是总分类账，简称总账。按照明细分类账户分类登记经济业务事项的是明细分类账，简称明细账。明细分类账是对总分类账的补充和具体化，并受总分类账的控制和统驭。分类账簿提供的核算信息是编制财务报表的主要依据。

3）备查账簿简称备查簿，是对某些在序时账簿和分类账簿等主要账簿中都不予登记或登记不够详细的经济业务事项进行补充登记时使用的账簿。

（2）按账页格式分类

按账页格式的不同，账簿可分为两栏式账簿、三栏式账簿、多栏式账簿和数量金额式账簿四种。

1）两栏式账簿是指只有借方和贷方两个基本金额栏目的账簿。

2）三栏式账簿是设有借方、贷方和余额三个基本栏目的账簿。各种日记账、总分类账以及资本、债权、债务明细账都可采用三栏式账簿。

3）多栏式账簿是在账簿的两个基本栏目借方和贷方按需要分设若干专栏的账簿，如多栏式日记账、多栏式明细账。但是，其专栏设置在借方还是贷方，或是两方同时设专栏，专栏的数量等，均应根据需要确定。收入、成本、费用、利润和利润分配明细账一般采用这种格式的账簿。

4）数量金额式账簿的借方、贷方和余额三联单个栏目内，每个栏目再分设数量、单价和金额三小栏，以反映财产物资的实物数量和价值量。如原材料、库存商品等存货明细账一般采用数量金额式账簿。

（3）按外形特征分类

按外形特征的不同，账簿可分为订本式账簿、活页式账簿和卡片式账簿。

1）订本式账簿是启用之前就已经将账页装订在一起，并对账页进行了连续编号的账簿。其优点是能避免账页散失和防止抽换账页，缺点是不能准确地为各账户预留账页。此账簿一般适用于总分类账、库存现金日记账、银行存款日记账。

2）活页式账簿在账簿登记完毕之前并不装订在一起，而是装在活页账夹中，当账簿登记完毕之后才将账页予以装订，加具封面，并给各账页连续编号。各种明细账一般采用活页式账簿。这种账簿的优点是记账时可以根据实际需要装入或抽取账页，便于分工记账；缺点是如果管理不善，可能会造成账页散失或故意抽换账页。

3）卡片式账簿是将账户所需格式印刷在硬卡上。严格地说，卡片式账簿也是一种活页账，只不过它不是装在活页账夹中，而是装在卡片箱内。

3. 账簿的基本内容

各种账簿的内容有所不同，但无论何种账簿都必须具备以下内容：

（1）账户的名称，即会计科目（总账科目、明细账科目）。

（2）登账的日期，即登记经济业务发生的时间。

（3）记账凭证的种类和编号，用来说明记账的依据。

（4）摘要，简要说明经济业务的内容。

（5）借方、贷方金额栏和余额栏，用来说明账户的增减变动和结存情况。

（6）账页页次和其他相关栏目。

二、账簿的设置与登记

账簿的设置包括确定账簿的种类，设计账页的格式和内容，规定账簿的登记方法。账簿设置必须做到组织严密、层次分明，各种账簿之间保持内在联系，起到相互制约、相互补充的作用；此外，还应防止过分复杂、账簿重叠，辗转誊抄和过度简化。总之，清晰地反映企业经济业务是设置账簿的原则。

小提示

《中华人民共和国会计法》规定，各单位发生各项经济业务事项应当在依法设置的会计账簿上统一登记、核算，不得违反会计法和国家统一会计制度的规定私设会计账簿登记、核算。

1. 日记账的设置与登记

（1）转账日记账的设置与登记

转账日记账由记账员根据原始凭证登记。在登记时，要将经济业务发生的时间登记在“日期”栏内，将登记账簿的依据填写在“原始凭证”栏内，将经济业务的内容填写在“摘要”栏内，将所涉及的会计科目按先借后贷的顺序登记在“会计科目”栏内。这种日记账具有全面反映经济业务的发生情况和账户对应关系明确的优点，具体格式见表 2—20。

表 2—20　转账日记账

年		原始凭证		摘要	会计科目	过账页码	借方金额	贷方金额
月	日	字	号					

（2）特种日记账的设置与登记

特种日记账主要有库存现金日记账和银行存款日记账两种，一些企业还可视具体情况开设销售日记账和购货日记账。

库存现金日记账是由出纳人员根据现金收款凭证、付款凭证和银行存款付款凭证，按经济业务发生的先后顺序逐日逐笔进行登记的日记账。库存现金日记账可以设置成既登记现金收入又登记现金支出的库存现金日记账，也可分设为库存现金收入日记账和库存现金支出日记账两本账。库存现金日记账一般采用三栏式，其基本结构见表 2—21 至表 2—23。

表 2—21　库存现金日记账（三栏式）　第　页

年		凭证		摘要	对应科目	收入										支出										余额									
月	日	字	号			千	百	十	万	千	百	十	元	角	分	千	百	十	万	千	百	十	元	角	分	千	百	十	万	千	百	十	元	角	分

表 2—22　　　　库存现金收入日记账　　　　第　　页

年		原始凭证		摘要	应贷科目	贷方										收入合计										余额									
月	日	字	号			千	百	十	万	千	百	十	元	角	分	千	百	十	万	千	百	十	元	角	分	千	百	十	万	千	百	十	元	角	分

表 2—23　　　　库存现金支出日记账　　　　第　　页

年		原始凭证		摘要	应借科目	借方										支出合计										余额									
月	日	字	号			千	百	十	万	千	百	十	元	角	分	千	百	十	万	千	百	十	元	角	分	千	百	十	万	千	百	十	元	角	分

三栏式库存现金日记账的登记方法：

1）日期栏：指记账凭证的日期，要求与现金实际收付日期一致。

2）凭证栏：指记账凭证的种类和编号，以便对账和查账。在实际工作中，现金收款凭证、现金付款凭证和银行存款付款凭证分别简写为“现收”“现付”和“银行账付”。

3）摘要栏：简要说明入账的经济业务内容，其记录的文字要求简练概括，说明业务内容即可。

4）对应科目栏：指与现金发生对应关系的账户，说明现金的收入来源或支出的用途。

5）收入、支出栏：指现金实际收支的金额，要求在每日终了，分别计算现金的收入和支出的合计数，结出余额，同时将余额与出纳人员的库存现金相互核对，即通常所说的“日清”；月终，计算本月的现金收入、支出和余额，称为“月结”。

多栏式日记账的登记方法与三栏式基本相同，区别在于库存现金收入日记账和库存现金支出日记账分别反映在两个账簿上。

银行存款日记账是由出纳人员根据银行存款收、付款凭证和现金付款凭证，按照经济业务发生顺序逐日逐笔登记的账簿。其格式与库存现金日记账一样，可分为三栏式和多栏式两种。银行存款日记账和银行存款收入日记账见表 2—24、表 2—25（银行存款支出日记账略）。

表 2—24　　银行存款日记账（三栏式）　　第　　页

年		凭证		摘要	对应科目	收入										支出										余额									
月	日	字	号			千	百	十	万	千	百	十	元	角	分	千	百	十	万	千	百	十	元	角	分	千	百	十	万	千	百	十	元	角	分

表 2—25　　银行存款收入日记账　　第　　页

年		原始凭证		摘要	应贷科目	贷方										收入合计										余额									
月	日	字	号			千	百	十	万	千	百	十	元	角	分	千	百	十	万	千	百	十	元	角	分	千	百	十	万	千	百	十	元	角	分

2. 总分类账的设置与登记

总分类账是按照总分类账户分类登记，以提供总括会计信息的账簿。总分类账能够全面、总括地反映经济活动情况，对明细分类账起统驭和控制的作用，并为编制财务报表提供总括资料。因此，任何单位都要设置总分类账。总分类账的格式一般采用三栏订本式账簿，格式参见表 2—26。

表 2—26　　　　　　　　　　　总分类账

会计科目:　　　　　　　　　　　　　　　　　　　　　　　第　　页

年		凭证		摘要	对应科目	借方										贷方										借或贷	余额									
月	日	字	号			千	百	十	万	千	百	十	元	角	分	千	百	十	万	千	百	十	元	角	分		千	百	十	万	千	百	十	元	角	分

总分类账的登记方式因单位而异。经济业务少的小型单位，可采用逐笔登记的方式，即根据记账凭证逐笔直接登记总账；经济业务多的大、中型单位，可采用汇总登记方式，即根据科目汇总表、汇总记账凭证等定期汇总一次登记总分类账。

3. 明细分类账的设置与登记

明细分类账是对各项经济业务按照明细分类账户进行分类登记核算的账簿。明细分类账簿能够反映和记录资产、负债、所有者权益、费用、成本、收入和利润的详细资料，提供财务报表所需的数据信息。各企业、行政和事业单位都应根据实际需要和有关规定，设置和运用必要的明细分类账。明细分类账可以按照二级科目设置，也可以按照三级科目设置，其级别应该根据各个单位的经济业务简繁程度和管理要求的高低来确定。常用的账页格式主要有三栏式、数量金额式和多栏式三种，参见表 2—27、表 2—28、表 2—29。

表 2—27　　　　　　　应收账款明细账（三栏式）　　　　　　　第　　页

年		凭证		摘要	对应科目	借方										贷方										借或贷	余额									
月	日	字	号			千	百	十	万	千	百	十	元	角	分	千	百	十	万	千	百	十	元	角	分		千	百	十	万	千	百	十	元	角	分

表 2—28 原材料明细账（数量金额式）

材料类别： 计量单位： 品名： 规格： 编号：
储备定额： 存放仓库： 第 页

年		凭证		摘要	收入			发出			结存		
月	日	字	号		数量	单位	金额	数量	单位	金额	数量	单位	金额

表 2—29 主营业务收入明细账（多栏式） 第 页

年		凭证		摘要	贷方金额				余额
月	日	字	号		甲产品	乙产品	丙产品	丁产品	

4. 总分类账与明细分类账的关系及其平行登记

总分类账与明细分类账尽管反映的经济业务详细程度不同，但两者核算的内容是相同的，因此总分类账与明细分类账采取平行登记的方法。所谓平行登记，是指对所发生的每一笔经济业务，要以会计凭证为依据，一方面记入有关总分类账，另一方面记入总分类账所属的有关明细分类账。

平行登记的要点通常包括同依据登记、同时登记、同方向登记和同金额登记四个方面。以资产类账户“应收账款”举例说明如下。

【例 2-9】A 公司 1 月初“应收账款”账户借方余额是 9 000 元，其中应收甲厂 3 000 元，应收乙厂 6 000 元。本月发生了下列经济业务：

（1）1 月 20 日，A 公司向甲厂销售商品价款 4 000 元（不考虑增值税），货款尚未收到。

（2）1 月 26 日，A 公司收到甲厂还来货款 5 000 元，收到乙厂还来货款 2 000 元。

对以上经济业务进行平行登记，具体见表 2—30 至表 2—33。

表 2—30　　应收账款总分类账

账户名称：应收账款

年		原始凭证		摘要	借方科目	贷方科目	借或贷	余额
月	日	字	号					
1	1			期初余额			借	9 000
	20	略	略	销售商品	4 000		借	13 000
	26			收款		7 000	借	6 000
	31			本期发生额及余额	4 000	7 000	借	6 000

表 2—31　　应收账款明细账

账户名称：甲厂

年		原始凭证		摘要	借方科目	贷方科目	借或贷	余额
月	日	字	号					
1	1			期初余额			借	3 000
	20	略	略	销售商品	4 000		借	7 000
	26			收款		5 000	借	2 000
	31			本期发生额及余额	4 000	5 000	借	2 000

表 2—32　　应收账款明细账

账户名称：乙厂

年		原始凭证		摘要	借方科目	贷方科目	借或贷	余额
月	日	字	号					
1	1			期初余额			借	6 000
	26	略	略	收款		2 000	借	4 000
	31			本期发生额及余额		2 000	借	4 000

表 2—33　　应收账款总账与明细账核对表

明细账户	期初余额		本期发生额		期末余额	
	借方	贷方	借方	贷方	借方	贷方
甲厂	3 000		4 000	5 000	2 000	
乙厂	6 000			2 000	4 000	
合计（总额）	9 000		4 000	7 000	6 000	

平行登记的结果能够使总分类账与所属的明细分类账保持一致。这两类账保持一致，其金额关系表现如下：

总分类账期初借（或贷）方余额＝所属明细分类账期初借（或贷）方余额之和

总分类账本期借（或贷）方发生额＝所属明细分类账本期借（或贷）方余额之和

总分类账期末借（或贷）方余额＝所属明细分类账期末借（或贷）方余额之和

通过检查以上四种金额关系是否一致，可以查明总分类账与所属的明细分类账登记是否正确、完整；如果发现不一致，应立即查明原因予以更正。

三、账簿登记的规则

登记账簿时，要遵循以下规则：

1. 根据审核无误的记账凭证及其所附的原始凭证记账。

2. 为了保证记录清晰，便于日后查阅，记账要用碳素墨水笔或蓝黑墨水笔书写。除必要复写外，不得使用铅笔和圆珠笔。红墨水笔只限于冲账、改错或划线以及多栏式账页中登记相反方向金额时使用。

3. 账簿所记载的内容必须齐全、正确。每笔账都要记明日期、凭证号数、摘要和金额。

4. 记账必须及时，凡应当天记的账，必须当天记毕，不得拖延和积压。

5. 记账应保持账簿整洁，文字、数字书写要端正清楚、排列整齐。摘要文字应紧靠左线；数字书写在金额栏内，不得越格错位，并保证自左向右约倾斜60°，没有金额线的，数字的位置应对齐并加小数点；文字、数字的字体大小只占一行的 2/3，并紧靠底线书写。

6. 结算账簿余额，应在“借或贷”栏内写明“借”或“贷”字样。没有余额的应在“借或贷”栏内写“平”字。

7. 账簿必须依据编写的页次连续登记，不得隔页、跳行。万一发生隔页跳行时，应在空白处红线对角划掉，注明“作废”字样，并加盖记账人员印章，以示负责。

8. 账簿的转页方法。每一页登记完毕向下页结转时，应当结出本页合计数及余额，写在本页最后一行和下页第一行有关栏内，并在摘要栏内注明“过次页”和“承前页”字样。对需要结计本月发生额的账户，结计“过次页”的本页合计数应当为自本月初起至本页末止的发生额合计数；对需要结计本年累计发生额的账户，结计“过次页”的本页合计数应当为自年初起至本页末止的累计数；对既不需要结计本月发生额，也不需要结计本年累计发生额的账户，可以只将每页末的余额结转次页。

9. 订本式账簿中的账页不得任意撕毁，活页式账簿中的账页也不得随便抽换。一个会计年度内不得以任何借口更换账簿或用空白账簿、账页重抄。

10. 账簿记录发生错误，应根据错账的具体情况按规定方法更正。严禁刮擦、挖补、涂改或用药水消迹。

四、错账查找与更正方法

1. 账簿错误的查找方法

（1）除 2 法

除 2 法就是用求得差除以 2，如果能除尽，则可能是借贷方向记错数字，其商数可能就是记错的数字。例如，发现差错数字是 1 800 元，用 2 除尽，等于 900 元，可查记录中有无 900 元借、贷方向记错。

（2）除 9 法

即将差数除以 9，如果能除尽，则可能是由于两个数字的数码记录倒置或者串位所致。例如，发现差错数字是 81，除以 9 等于 9，这种情况很有可能是由于两个数字的数码记录倒置；又如，发现的差错数字是 72，除以 9 等于 8，这种情况很可能是某项金额记录时发生串位，差错数可能在 91 和 19 之间，因为 91 减 19 等于 72。

以上是通过试算平衡出现不平衡发现错误的一般查找方法。对于不影响借贷平衡的错误，就只能采用全面检查法，将一定时期的账目逐一进行核对。具体可采用的方法有正查法和反查法两种。

2. 错账的更正方法

当账簿记录出现错误时，应该按照规定的方法进行更正。错误的性质和发现的时间不同，更正方法也有所不同。错账的更正方法通常有划线更正法、补充登记法和红字更正法三种。

（1）划线更正法

即用红线划掉错误记录以达到更正的目的，主要适用于月末结账前发现账簿记录的文字和数字有误，而其所依据的记账凭证正确，即纯属记账时的笔误。具体做法是：首先在错误的文字或数字上划一条红线表示注销；然后，将正确的数字或文字用蓝笔写在上面，并在更正处盖章，以明确责任。划线时，要将错误的文字或数字全部划掉，不能只划其中个别，并应保持原有错误记录仍可辨认。

（2）补充登记法

记账后发现记账凭证填写的会计科目无误，只是所记金额小于应记金额时，采用补充登记法更正。具体做法是：按少记的金额用蓝笔填制一张与原记账凭证应借、应贷科目完全相同的记账凭证，“摘要”栏注明“更正 ×× 凭证”，并用蓝笔据以过账。这样就补记了少记的金额，使全部金额符合实际。

（3）红字更正法

红字更正法一般适用于以下三种情况：

一是记账后在当年内发现记账凭证会计科目无误而所记金额大于应记金额，从而导致记账错误。具体的更正方法是：用红笔（金额用红字）按多记的金额填制一张应借应贷会计科目与原错误凭证相同的记账凭证，在“摘要”栏内注明“冲销 ×× 凭证多记金额”，并据此用红笔登记入账，以冲销多记的金额。

二是记账后在当年内发现记账凭证所记的会计科目错误从而引起记账错误。具体的更正方法是：先用红笔填制一张与原错误凭证相同的记账凭证，在“摘要”栏内注明“冲销 ×× 凭证”，并据此用红笔登记入账，冲销原来的错误记录；然后用蓝笔填制一张正确的记账凭证，在“摘要”栏内注明“更正 ×× 凭证”，并据此用蓝笔登记入账。

三是发现以前年记账凭证中有错误（科目或金额错误）并导致账簿登记错误的，应用蓝笔填制一张更正的记账凭证，在“摘要”栏内注明“更正 ××（时间）凭证”。

第二章 结算业务

学习目标

1. 明确现金管理的有关规定，熟悉现金结算办法，掌握现金收支处理方法。

2. 了解银行存款的含义和办理银行存款的基本要求及银行存款清查的基本方法。

3. 熟悉银行结算的基本方式，明确各种银行结算方式及网络结算的程序，掌握银行存款结算业务的账务处理方法。

货币资金包括现金、银行存款和其他货币资金。结算是指因商品交易、劳务供应或资金调拨而引起的货币收付行为。凡能以货币表现的经济交易事项都必须进行结算。为组织、结算经济交易活动的需要，本章除介绍现金等货币资金结算业务外，还根据中国人民银行发布的《支付结算办法》的规定，介绍支票结算、银行汇票结算、银行本票结算、商业汇票结算、汇兑结算、委托收款结算、托收承付结算、信用证结算以及网络支付结算等业务。

第一节　现金结算方式

会计中的现金又称库存现金，是指存放在企业并由出纳人员保管的现钞，包括库存的人民币和各种外币。现金结算是指在商品交易、提供劳务等经济往来中直接使用现金进行应收、应付款结算的行为，是货币结算的形式之一。在我国，现金结算方式主要适用于单位与个人之间的款项收付，以及单位之间在转账结算起点金额以下的零星小额收付。

现金结算主要有两种渠道：一种是付款人直接将现金支付给收款人，不通过银行等中介机构；另一种是付款人委托银行等金融机构或非金融机构（如邮政）将现金支付给收款人。办理现金收付结算业务，必须遵循《中华人民共和国现金管理暂行条例》及其实施细则的规定。

一、现金管理的要求

1. 库存现金日记账应及时登记。

2. 应根据收、付款凭证办理现金收付业务，并及时登记入账。

3. 企业库存现金一律实行限额管理，其限额一般应以企业 3~5 天零星开支的现金需要量为准。特殊情况下，现金需要量可依据企业的实际情况适当放宽，但最多不能超过 15 天。

4. 所需现金在使用范围和限额内的，应从开户银行提取。提取现金时，须写明用途，不得编造用途来套取现金。

5. 现金收入应于当天送存开户银行。若当天送存确有困难，应在开户银行规定的时间内尽早送存银行。

6. 不得擅自坐支现金。

7. 不允许白条抵库，不允许公款私存，不允许私设“小金库”。

8. 现金须日清月结，如有出入，应及时查明原因，做到账实相符、账账相符。

9. 须严格按照国家规定的开支范围使用现金，结算金额超过起点的，不得使用现金。

10. 现金管理“八不准”：

（1）不准用不符合财务制度的凭证顶替库存现金。

（2）不准单位之间相互借用现金。

（3）不准谎报用途套取现金。

（4）不准利用银行账户代替其他单位和个人存入或支取现金。

（5）不准将单位收入的现金以个人名义存入储蓄。

（6）不准保留账外公款（即“小金库”）。

（7）不准发行变相货币。

（8）不准以任何票券代替人民币在市场上流通。

二、现金管理的内容

1. 办理现金收付业务结算

（1）严格按照国家有关现金管理的规定，根据稽核人员审核签章的收付款凭证，办理款项收付。

（2）对于重大开支项目，必须经过会计主管人员、总会计师或单位领导审核签章后，方可支付；收付款后，要在收付款凭证上签章，并加盖“收讫”“付讫”戳记。

（3）库存现金不得超过银行核定的限额，超过部分要及时存入银行，不得以白条冲抵库存，更不得随意挪用。

2. 登记库存现金日记账

（1）根据已经办理完毕的收付款凭证，逐笔按顺序登记库存现金日记账。对于当天的收支款项，当天必须入账，并结出余额。每日终了，现金的账面余额要同实际的库存现金相符；如有差错，要及时查询处理。

（2）出纳人员不得兼管收入、费用、债权、债务账簿的登记工作和会计档案保管工作。

3. 保管库存现金与各种有价证券

对于现金和各种有价证券，要确保其安全和完整，出纳人员要负赔偿责任。出纳人员要保守保险柜密码，保管好钥匙，不得随意转交他人。

4. 保管有关印章与空白收据

（1）出纳人员应妥善保管印章，严格按照规定用途使用。

（2）对于空白收据，必须严格管理，应专设登记簿登记，认真办理领用、注销手续。

三、现金收支的账务处理

为了反映企业库存现金的收入、支出和结存情况，应设置“库存现金”账户。该账户借方登记现金的增加，贷方登记现金的减少，期末余额在借方，反映企业实际持有的库存现金的金额数。企业发生的每笔现金交易，都必须根据审核无误的原始凭证编制记账凭证，然后据此记入“库存现金”账户。

【例 3–1】3 月 5 日，某企业从开户银行提取现金 6 000 元备用。编制会计分录如下：

借：库存现金	6 000	
贷：银行存款		6 000

【例 3–2】3 月 18 日，某商品流通企业的零售商店柜台收款员送来当日销货收入 11 232 元，增值税税率为 13%。编制会计分录如下：

借：库存现金	11 232	
贷：主营业务收入		9 940
应交税费——应交增值税（销项税额）		1 292

【例 3–3】4 月 9 日，某工业企业向外销售产品一批，共计 5 000 元，增值税税率为 13%，对方用现金支付。编制会计分录如下：

借：库存现金	5 650	
贷：主营业务收入		5 000
应交税费——应交增值税（销项税额）		650

【例 3–4】6 月 5 日，某企业员工缴纳罚款 500 元。编制会计分录如下：

借：库存现金　　500

　　贷：营业外收入　　500

【例 3-5】8 月 1 日，某企业收取客户交送的预购定金 50 000 元。编制会计分录如下：

借：库存现金　　50 000

　　贷：预收账款　　50 000

【例 3-6】8 月 5 日，某单位以现金支付聘请教师对职工培训的讲课费 2 000 元。编制会计分录如下：

借：管理费用　　2 000

　　贷：库存现金　　2 000

【例 3-7】9 月 10 日，某企业职工李 × 出差预借差旅费 5 000 元，以现金支付。编制会计分录如下：

借：其他应收款　　5 000

　　贷：库存现金　　5 000

第二节　银行结算业务

银行结算是指通过银行账户的资金转移实现收付的行为，即银行接受收款人（单位）和付款人（单位）的委托，从付款人（单位）存款账户划出款项，转入收款人（单位）存款账户，以完成经济活动之间的债权债务清算或资金调拨。

一、银行存款及结算概述

1. 银行存款的含义

银行存款是指企业、各经营组织存放在银行或其他金融机构的货币资金。按照国家现金管理和结算制度的规定，每个企业都要在银行开设账户，该账户称为结算户存款，用来办理存款、取款和转账结算。

《银行账户管理办法》将企业事业单位的存款账户分为四类，即基本存款账户、一般存款账户、临时存款账户和专用存款账户。基本存款账户是指企业办理日常转账结算和现金收付的账户。一般存款账户是指企业在基本存款账户开户银行以外的银行营业机构开立的银行结算账户。与企业的基本存款账户不在同一地点的附属非独立核算企业，可申请开设一般存款账户。企业可通过此账户办理转账结算和现金交存，但不能办理现金支取。临时存款账户是指存款人因特殊用途需要，依据当地工商行政机关核发的临时执照或当地有关部门同意设立外来临时机构的批准开立的账户。专用存款账户是指企业因特定用途（如基本建设、更新改造等）需要开立的账户。

企业银行存款账户只能用来办理本单位的生产经营业务活动的结算，不得出租和出借银行存款账户。正确开立和使用银行账户是做好资金结算工作的基础，企业只有在银行开立了存款账户，才能通过银行同其他单位进行结算，办理资金收付。企业应按规定在银行开立和使用存款账户。

2. 办理银行结算的要求

（1）必须遵守国家法律、法规和银行结算办法的各项规定。

（2）各项经济往来除了按照国家现金管理规定可以使用现金外，其余都必须办理转账结算。

（3）账户内需有足够的资金保证支付。

（4）必须使用银行统一规定的票据和结算凭证，并按照规定填写。

（5）要遵守“恪守信用，履约付款，谁的钱进谁的账、由谁支配，银行不垫款”的结算原则。

（6）必须严格遵守银行结算纪律，不准签发空头支票和远期支票，不准套取银行信用。

（7）各单位办理结算，由于填写结算凭证有误而影响资金使用，由于票据和印章丢失而造成资金损失的，由其自行负责。

（8）凡不足结算起点金额的款项收付，通常需用现金进行结算，银行不办理转账结算。银行结算起点是指办理每一笔银行转账结算业务的最低金额。按照《现金管理暂行条例》的规定，银行结算起点为 1 000 元。当然，各种具体的银行结算方式的结算起点是不同的，如银行汇票汇款金额起点为 500 元，银行本票不定额的金额起点为 100 元等。

3. 银行结算凭证的主要内容及填写规范

（1）银行结算凭证的主要内容

银行结算凭证是收付款双方及银行办理银行转账结算的书面证明，是银行结算的重要组成部分，也是银行款项划拨、收付款单位和银行进行会计核算的依据。不同的结算方式，由于其适用范围、结算内容和结算程序的不同，其结算凭证的格式、内容和联次等也各不相同。但是各种结算凭证的基本内容大致相同。这些基本内容概括起来主要有以下几点：

1）凭证名称。

2）凭证签发日期。

3）收付款单位开户银行名称。

4）收付款单位的名称和账号。

5）凭证联次及用途。

6）结算内容。

7）结算金额。

8）单位及其负责人签章。

（2）银行结算凭证的填写规范

在填写票据和结算凭证时，应做到以下几点：

1）对于结算凭证上所列的收付款人和开户单位名称、日期、账号、大小写金额、收付款地点、用途等，要逐项认真填写，不得省略、简写或错漏。

2）银行结算凭证的填写必须做到要素齐全、内容真实、数字正确、字迹清楚，不得错漏，严禁涂改。单位和银行的名称必须用全称，异地结算应冠以省（自治区、直辖市）、市（县）字样。

二、银行结算方式

根据中国人民银行发布的《支付结算办法》的规定，目前企业可以采用的银行结算方式主要有支票结算、银行汇票结算、银行本票结算、商业汇票结算、汇兑结算、委托收款结算、托收承付结算、信用证结算等。

1. 支票结算

（1）支票的含义

支票是由单位或个人签发的，委托办理支票存款业务的银行在见票时无条件支付确定的金额给收款人或持票人的票据。

我国《票据法》按照支付票款的方式，将支票分为现金支票、转账支票和普通支票。支票上印有“现金”字样的为现金支票，现金支票既可以支取现金，也可以办理转账。支票上印有“转账”字样的为转账支票，转账支票只能用于转账。支票上未印有“现金”或“转账”字样的为普通支票，普通支票既可以支取现金，也可以转账。在普通支票左上角划两条平行线的为划线支票，划线支票只可用于转账，不能支取现金。单位和个人在同一票据交换区域的各种款项结算，均可以使用支票。

（2）支票结算程序

1）现金支票结算程序。用现金支票提取现金时，由出纳人员签发现金支票，并加盖银行预留印鉴后，到开户银行提取现金。用现金支票向外单位或个人支付现金时，应由付款单位出纳人员签发现金支票，并加盖银行预留印鉴和注明收款人后交收款人，由收款人持现金支票到付款单位开户银行提取现金，并按照银行的要求交验有关证件。

2）转账支票结算程序。出票人按应支付的款项签发转账支票时，应在支票收款人栏里填好收款人的全称，然后到出票人的开户行填写三联进账单。进账单上需填好收款人和付款人的全称、账号、开户行行号或名称、金额、款项用途等。

支票结算的程序如图 3—1 所示。

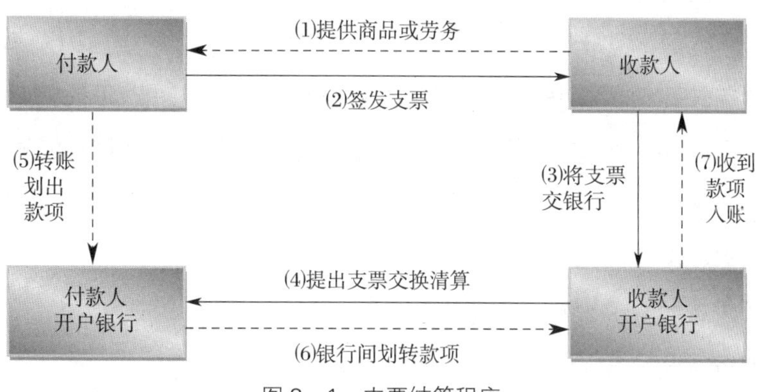

图 3—1　支票结算程序

2. 银行汇票结算

银行汇票是指由出票银行签发的，由其在见票时按照实际结算金额无条件付给收款人或持票人的票据。银行汇票可用于单位和个人各种款项的结算。银行汇票可以用于转账，填明“现金”字样的银行汇票也可以用于支取现金。申请人或者收款人为单位的，不得在“银行汇票”上填明“现金”字样。银行汇票具有使用灵活、票随人到、兑付性强等特点，适用于先收款后发货或钱货两清的商品交易。银行汇票的提示付款期限自出票之日起 1 个月。申请人使用银行汇票，应向出票银行填明《银行汇票申请书》。持票人向银行提示付款时，必须同时提交银行汇票和解讫通知，未填明实际结算金额和多余金额或实际结算金额超过出票金额的，银行不予受理。更改实际结算金额的银行汇票无效。银行汇票结算要经过承汇、结算、兑付和结清余额四个步骤，具体过程如图 3—2 所示。

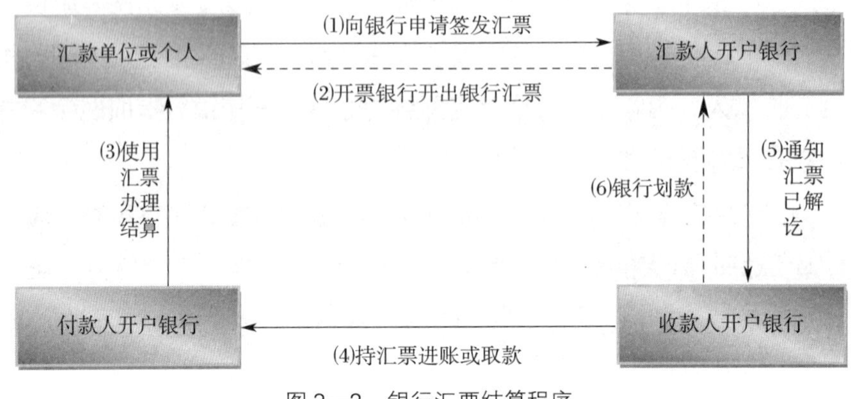

图 3—2　银行汇票结算程序

3. 银行本票结算

银行本票结算适用于同城范围内的所有商品交易、劳务供应以及其他款项的结算。收款单位和个人持银行本票可以办理转账结算、支取现金以及背书转让。银行本票见票即付，结算迅速。银行本票的内容包括表明“银行本票”的字样、无条件支付的承诺、确定的金额、收款人名称、出票日期和出票人签章。银行本票结算的基本规定包括以下几点：

（1）银行本票允许背书转让。

（2）银行本票一律记名。

（3）银行本票的付款期为一个月（不分大月、小月，一律按次月的对日计算，到期日遇假日顺延）。逾期的银行本票，兑付银行不予受理。

（4）银行本票见票即付，不予挂失。遗失的不定额银行本票在付款期满后一个月确未冒领，可以办理退付手续。

（5）不定额本票的金额起点为 100 元，定额本票的面额分为 1 000 元、5 000 元、10 000 元和 50 000 元。

（6）银行本票需支付现金的，付款人应在“银行本票申请书”上填明“现金”字样。银行受理签发本票时，在本票上划去“转账”字样并盖章，收款人凭此本票即可支取现金。

银行本票的结算程序如图 3—3 所示。

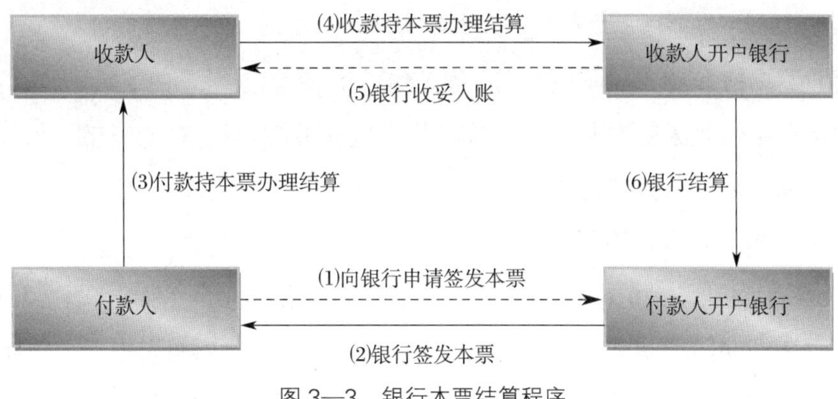

图 3—3 银行本票结算程序

4. 商业汇票结算

商业汇票结算是指利用商业汇票来办理款项结算的一种银行结算方式。

（1）商业汇票结算的特点

与其他银行结算方式相比，商业汇票结算具有如下特点：

1）商业汇票适用范围相对较窄。各企业、事业单位之间只有根据购销合同进行的商品交易，才能签发商业汇票。

2）商业汇票使用对象相对较少。商业汇票的使用对象是在银行开立账户的法人。使用商业汇票的收款人、付款人以及背书人、被背书人等必须同时具备两个条件：一是在银行开立账户，二是具有法人资格。

3）商业汇票可以由付款人签发，也可以由收款人签发，但都必须经过承兑。只有经过承兑的商业汇票才具有法律效力，承兑人负有到期无条件付款的责任。商业汇票到期，因承兑人无款支付或其他合法原因，债务人不能获得付款时，可以按照汇票背书转让的顺序，向前手行使追索权，依法追索票面金额；该汇票上的所有关系人都应负连带责任。商业汇票的承兑期限由交易双方商定，最长不得超过 6 个月。属于分期付款的应一次签发若干张不同期限的商业汇票。

4）未到期的商业汇票可以到银行办理提现，从而使结算和银行资金融通相结合，有利于企业及时补充流动资金，维持生产经营的正常进行。

5）商业汇票在同城和异地都可以使用，而且没有结算起点的限制。

6）商业汇票一律记名并允许背书转让。商业汇票到期后，一律通过银行办理转账结算，银行不支付现金。商业汇票的提示付款期限自汇票到期日起 10 日内。

（2）商业汇票的类型及其结算程序

商业汇票按承兑人的不同，分为商业承兑汇票和银行承兑汇票两种。商业承兑汇票是指由付款人签发并承兑，或由收款人签发由付款人承兑的汇票。银行承兑汇票是指由银行承兑的汇票。

商业汇票结算程序如下：

1）采用商业承兑汇票结算方式，付款人应于汇票到期前将款项足额存入银行，银行在到期日凭票将款项划转给收款人、被背书人或贴现银行。如到期日付款人账户存款不足支付票款，开户银行不承担付款责任，开户银行将汇票退回收款人、被背书人或贴现银行，由其自行处理，并对付款人处以罚款。商业承兑汇票结算程序如图 3—4 所示。

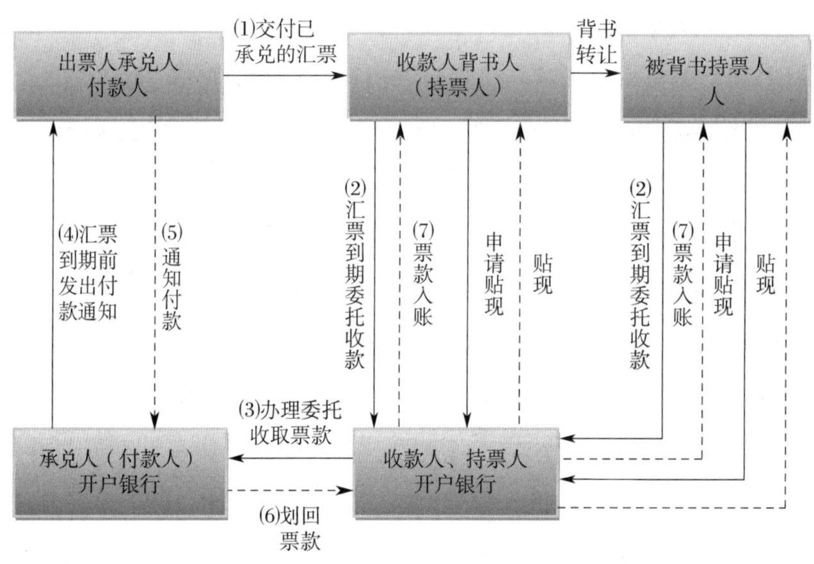

图 3—4　商业承兑汇票结算程序

2）采用银行承兑汇票结算方式，承兑申请人应持购销合同向开户银行申请承兑，银行按有关规定审查同意后，与承兑申请人签订承兑协议，在汇票上盖章并按票面金额收取一定的手续费。承兑申请人应于汇票到期前将票款足额交存银行。到期未能存足票款的，承兑银行除凭票向收款人、被背书人或贴现银行无条件支付款项外，还将按承兑协议的规定，对承兑申请人执行扣款，并将未扣回的承兑金额作为逾期贷款，同时收取一定的罚金。银行承兑汇票结算程序如图 3—5 所示。

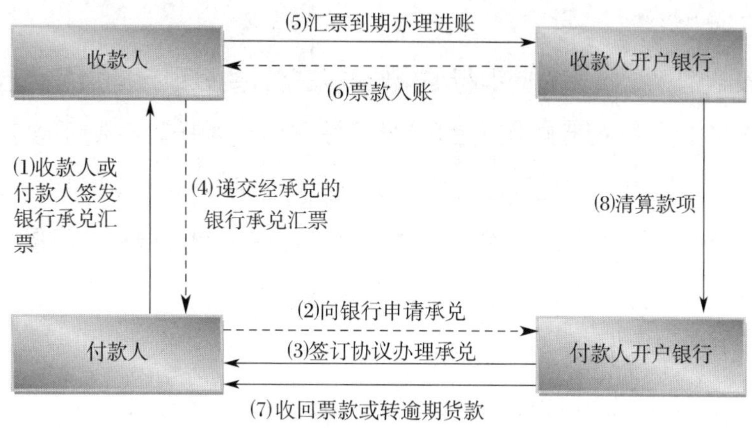

图 3—5 银行承兑汇票结算程序

5. **汇兑结算**

汇兑结算是汇款单位委托银行将款项汇往异地收款单位或个人的一种结算方式，适用于异地企业、事业单位、个体工商户和个人各种款项的结算。按照划转款项的方法以及传递方式的不同，汇兑可分为信汇和电汇两种，汇款人可自行选择汇兑方式。采用这一结算方式，付款单位汇出款项时，应填写银行印发的汇款凭证，列明收款单位名称、汇款金额和汇款用途等项目，送开户银行，委托开户银行将款项汇往收汇银行。收汇银行将汇款收进单位存款户后，向收款单位发出收款通知。

采用汇兑结算方式，收款单位对于汇款人的款项，应在收到银行的收款通知时，据此编制收款凭证；付款单位对于汇出的款项，应在向银行办理汇款后，根据汇款回单编制付款凭证。

汇兑结算程序如图 3—6 所示。

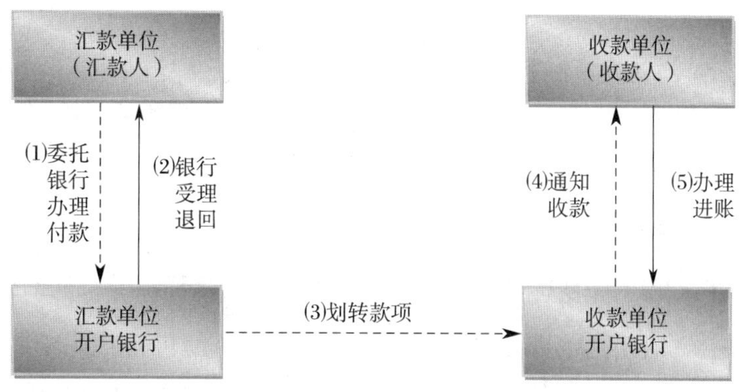

图 3—6 汇兑结算程序

6. 委托收款结算

委托收款结算是收款人向银行提供收款依据，委托银行向付款人收取款项的一种结算方式，是银行支付结算的重要手段之一。委托收款便于收款人主动收款。委托收款在同城、异地均可使用，既适用于企业、事业单位和个体工商户各种款项的结算，也适用于水电费、电话费等的结算，因其灵活、简便而被企业和个体工商户广泛使用。委托收款结算具有以下特点：

（1）使用范围广泛。

（2）不受金额起点限制。凡是收款单位发生的各种应收账款，不论金额大小都能办理。

（3）不受地点的限制，同城、异地都可以办理。

（4）委托收款有邮寄和电报划回两种方式，收款单位可以根据需要灵活选择。

（5）银行不负责审查付款单位的拒付理由。委托收款结算是一种建立在商业信用基础上的结算方式，即由收款人先发货或提供劳务，然后通过银行收款，银行不参与监督，结算中如发生争议，由双方自行协商解决。因此，收款单位选取此种结算方式时应当慎重，首先要了解付款方的资信情况，以免发货或提供劳务后不能及时收回款项。

委托收款结算程序如图 3—7 所示。

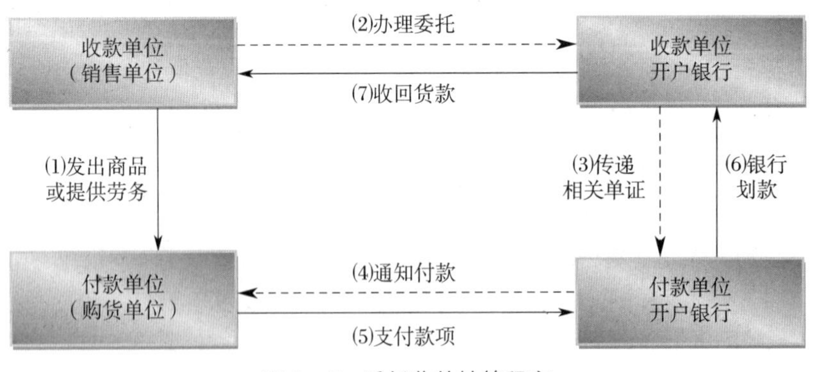

图 3—7　委托收款结算程序

7. 托收承付结算

托收承付结算是指根据购销合同，由收款人发货后委托银行向异地付款人收取款项，由付款人向银行承认付款的一种结算方式。此种方式的结算程序与委托收款结算方式基本相同。托收承付结算起点、适用范围及适用条件如下：

（1）根据《支付结算办法》规定，托收承付结算每笔的金额起点为 10 000 元，新华书店系统结算每笔的金额起点为 1 000 元。

（2）使用托收承付结算方式的收款单位和付款单位，必须是经开户银行审查同意的工业企业；办理结算的款项必须是商品交易款项以及因商品交易而产生的劳务供应款项；代销、寄销、赊销商品款项，不得办理托收承付结算。

小提示

托收承付结算、商业汇票结算、国内信用证结算仅限于单位使用（个体工商户和个人不得使用）；汇兑结算、委托收款结算、银行汇票结算、银行本票结算、支票结算，单位和个人均可使用。

（3）收款人对同一付款人发货托收累计 3 次收不回货款的，收款人开户银行应暂停收款人对该付款人办理托收；付款人累计 3 次提出无理拒付的，付款人开户银行应暂停其向外办理托收。

（4）承付期。验单付款的承付期为 3 天，自付款人开户银行发出承付通知次日起计算；验货付款的承付期为 10 天，自运输部门向付款人发出提货通知的次日起计算。付款人在承付期内，未向银行表示拒绝付款的，银行即视为承付，并在承付期满的次日（遇法定休假日顺延）上午银行开始营业时，将款项划给收款人。不论验单付款还是验货付款，付款人都可以在承付期内提前向银行表示承付，并通知银行提前付款，银行应当立即办理划款。

（5）收付双方使用托收承付结算必须签有符合《合同法》的购销合同，并在合同中注明使用异地托收承付结算方式；收款人办理托收，必须具有商品确已发运的证件；收付双方办理托收承付结算，必须重合同、守信用。采用托收承付结算方式，收款单位对于托收款项，应在收到银行的收款通知时，根据收款通知和有关原始凭证编制收款凭证；付款单位对于承付的款项，应于承付时根据托收承付结算凭证的承付通知和有关发票账单等原始凭证编制付款凭证。

托收承付结算程序如图 3—8 所示。

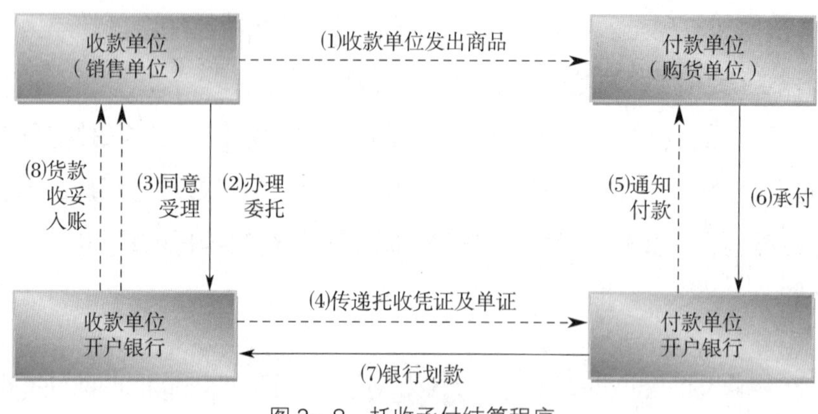

图 3—8　托收承付结算程序

8. **信用证结算**

信用证结算是国际结算的一种主要方式。经中国人民银行批准经营结算业务的商业银行总行，以及经商业银行总行批准开办信用证结算业务的分支机构，可以办理国内企业之间商品交易的信用证结算业务。采用信用证结算方式的，收款单位收到信用证后，即备货装运，签发有关发票账单，连同运输单据和信用证送交银行，根据退还的信用证等有关凭证编制收款凭证；付款单位在接到开证行的通知时，根据付款的有关单据编制付款凭证。

信用证结算的一般业务流程：

（1）买卖双方经过协商，在合同中规定采用信用证方式进行结算。

（2）买方向银行申请开证，并合同约定向银行交纳押金或提供保证人。

（3）开证行接受开证申请后，开出以卖方为受益人的信用证，并寄交卖方所在地通知行。

（4）通知行核对印鉴无误后，将信用证交与卖方。

（5）卖方审核信用证与合同相符后，按信用证规定装运货物，并备齐各项货运单据，开立汇票，在信用证有效期内交予议付行，议付行按信用证条款审核单据无误后，按照汇票金额扣除利息，把货款垫付给卖方。

（6）议付行议付后将汇票和货运单据寄开证行要求索偿。

（7）开证行或其指定的付款银行核对单据无误后，付款给议付行。

（8）开证行通知买方付款赎单。

信用证结算程序如图 3—9 所示。

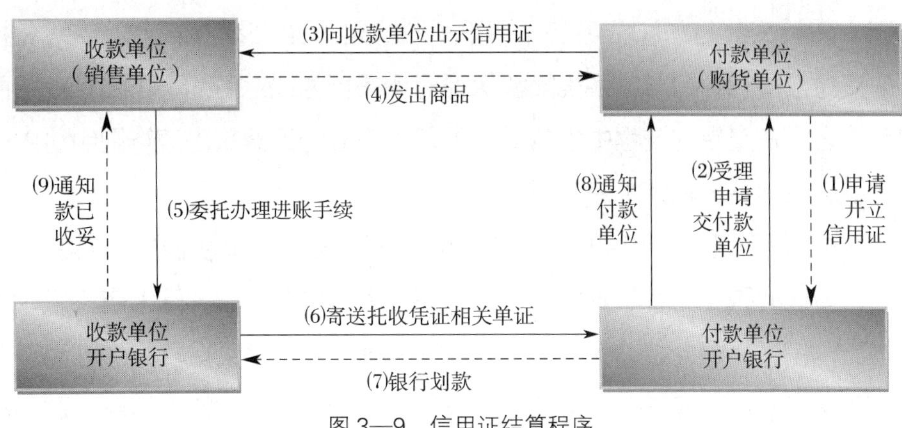

图 3—9 信用证结算程序

三、网络支付结算业务

1. 网络支付结算概述

网络支付是指电子交易当事人，包括消费者、厂商和金融机构，使用安全电子支付手段，通过网络进行的货币支付或资金流转。网络支付都是采用数字化的方式，通过数字流转来完成信息传输进行款项支付的；而传统的支付方式则是通过现金的流转、票据的转让及银行的汇兑等物理实体的流转来完成款项的支付。

网络支付具有方便、快捷、高效、经济的优势。用户只要拥有一台可以上网的计算机，便可足不出户，在很短的时间内完成整个支付过程。支付费用仅相当于传统支付的几十分之一，甚至几百分之一。网络支付可以完全突破时间和空间的限制，可以满足 24/7（每周 7 天，每天 24 小时）的工作模式，其效率之高是传统支付所不能比的。网络支付的基本功能如下：

（1）认证交易双方，防止支付欺诈。能够使用数字签名和数字证书等对参与网上贸易的各方身份的有效性进行认证，以证实其身份的合法性。

（2）加密信息流。可以采用单密钥体制或双密钥体制进行信息的加密和解密，可以采用数字信封、数字签名等技术加强数据传输的保密性与完整性，防止未被授权的第三者获取信息的真正含义。

（3）数字摘要算法确认支付电子信息的真伪。为了保护数据不被未授权者建立、嵌入、删除、篡改、重放等，完整无缺地到达接收者一方，可以采用数据杂凑技术。

（4）保证交易行为和业务的不可抵赖性。当网上交易双方出现纠纷，特别是有关支付结算的纠纷时，系统能够保证对相关行为或业务的不可否认性。网络支付系统必须在交易的过程中生成或提供足够充分的证据来迅速辨别纠纷中的是非，可以用数字签名等技术来实现。

（5）处理网络贸易业务的多边支付问题。支付结算牵涉客户、商家和银行等多方，传送的购货信息与支付指令信息还必须连接在一起，因为商家只有确认了某些支付信息后才会继续交易，银行也只有确认支付才会提供支付。为了保证安全，商家不能读取客户的支付指令，银行不能读取商家的购货信息，这种多边支付的关系能够借用系统提供的诸如双重数字签名等技术来实现。

（6）提高支付效率。网络支付的手续和过程简捷，支付效率高。

2. 网络支付结算模式

网络支付结算是电子支付的高级方式，它以电子商务为商业基础，以商业银行为主题，使用安全的主要基于因特网平台的运作平台，通过网络为交易的客户间提供货币支付或资金流转等。

网络支付业务，涉及消费者、商户、支付机构和银行等四方主体。相关交易的完成，国际上和传统上采取的是“四方模式”。在线下收单场景中，消费者用其银行卡在商户进行刷卡消费，商户由其 POS 机（由收单机构布放的）将交易数据传输到收单机构，收单机构再通过银行卡清算组织（如 Visa、MasterCard、银联等）的转接清算系统和发卡行进行商户资金清算；在线上场景中，消费者以其基于银行卡的银行账户在互联网商户进行消费，互联网商户接入网络第三方支付机构（如支付宝、微信等），支付机构将交易数据传输到银行卡清算组织的转接清算系统和发卡行进行商户资金清算。

以境内基于银联卡的交易为例，四方模式的各方主体、资金流和法律关系如图 3—10 所示。

在四方模式下，消费者（持卡人）和商户均不与银行卡清算机构发生直接关系，银行卡清算机构通过充当收单机构（接入商户）和发卡银行（消费者的账户银行）的中间桥梁来实现和处理跨收单机构和跨发卡银行的交易，而不需要市场上大量的收单机构和各发卡银行各自分别两两达成协议和进行交易，这样有利于建起质量和安全标准一致的跨行银行卡交易网络。四方模式下处理的交易所关联的银行账户，必须基于银行卡清算机构所授权发行的相关品牌的银行卡，并且遵循“谁的品牌谁转接”原则，如 Visa 转接持卡人的 Visa 卡的交易。

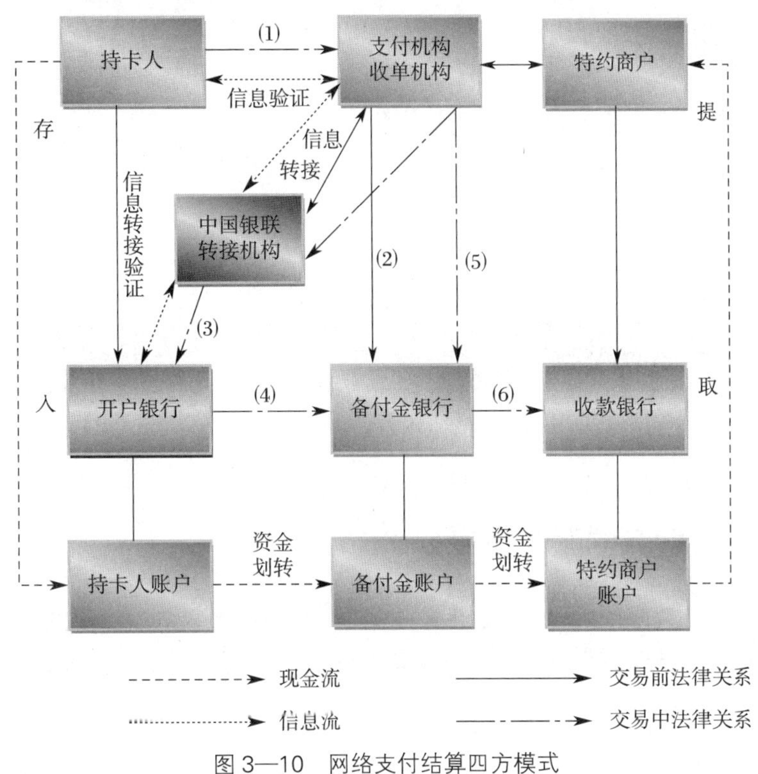

图 3—10 网络支付结算四方模式

3. 运用支付宝结算的商品交易流程

（1）消费者浏览商户网页，在商户网页下订单。

（2）消费者选择第三方支付平台，直接链接到其安全支付服务器上，在支付页面上选择自己适用的支付方式，点击后进入银行支付页面进行支付操作。

（3）第三方支付平台将消费者的支付信息，按照各银行支付网关的技术要求传递到各相关银行。

（4）由相关银行（银联）检查消费者的支付能力，实行冻结、扣账或划账，并将结果信息传递给第三方支付平台和消费者。

（5）第三方支付平台将支付结果通知商户。

（6）支付成功，由商户向消费者发货或提供服务。

（7）各个银行通过第三方支付平台向商户实施清算。

运用支付宝结算的商品交易流程如图 3—11 所示。

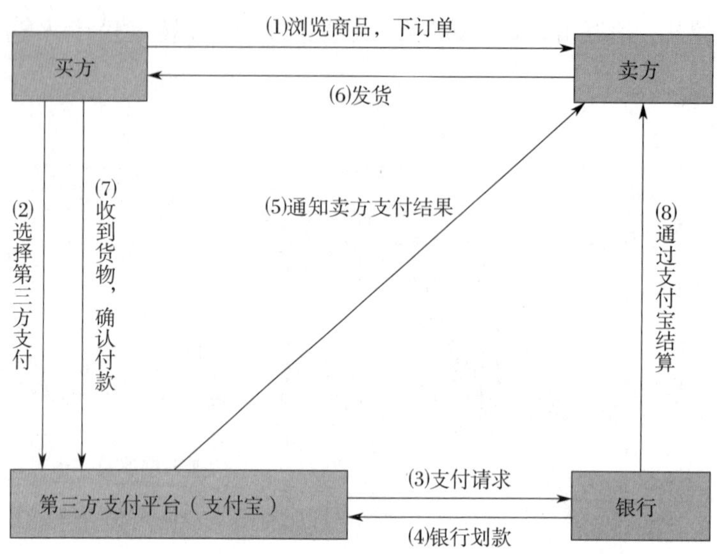

图 3—11　商品交易支付宝结算流程图

四、银行结算业务的账务处理

为了反映和监督银行存款及结算业务的收支和结存情况，企业应设置“银行存款”“其他货币资金”账户，借方登记增加数，贷方登记减少数，期末余额在借方，表示存入银行的货币资金和其他货币资金的结存数。同时，为了分别反映其他货币资金的收支情况，在“其他货币资金”账户下分别设置“银行汇票”“银行本票”“外埠存款”“信用卡存款”等明细账户进行明细分类核算。

1. 银行存款收支的账务处理

【例 3-8】某公司销售产品 8 000 元，增值税 1 040 元，收到支票入账，支票存入银行。编制会计分录如下：

借：银行存款　　9 040

　　贷：主营业务收入　　8 000

　　　　应交税费——应交增值税（销项税额）　　1 040

【例 3-9】某公司采购原材料 3 000 元，增值税 390 元，款项以银行存款支付。编制会计分录如下：

借：材料采购　　3 000

　　应交税费——应交增值税（进项税额）　　390

　　贷：银行存款　　3 390

2. 银行汇票的账务处理

企业财务部门收到银行签发的“银行汇票”后，根据银行盖章退回的“银行汇票委托书”存根联，编制银行存款付款凭证。

【例 3-10】某公司需要到某市采购物资。5 月 5 日，向开户银行申请用银行存款办理到某市的转账汇票 500 000 元。根据银行退回的“银行汇票委托书”存根联编制银行存款付款凭证。编制会计分录如下：

借：其他货币资金——银行汇票　　500 000

　　贷：银行存款　　500 000

对于银行按规定收取的手续费和邮寄费，汇款单位应根据银行出具的收费收据，用现金支付的编制现金付款凭证，从其账户中扣收的编制银行存款付款凭证。其会计分录如下：

借：财务费用

　　贷：库存现金 / 银行存款

3. 银行本票的账务处理

付款单位收到银行本票和银行退回的“银行本票申请书”存根联后，财务部门根据“银行本票申请书”存根联编制银行存款付款凭证。

【例 3-11】某公司填写“银行本票申请书”并将款项 50 000 元存入银行，收到银行签发的银行本票后，根据“银行本票申请书”存根联，编制会计分录如下：

借：其他货币资金——银行本票　　50 000

　　贷：银行存款　　50 000

【例 3-12】某公司用银行本票和现金 650 元支付购货款共 5 650 元，根据发票账单等有关凭证，编制会计分录如下：

借：物资采购　　5 000

　　应交税费——应交增值税（进项税额）　　650

　　贷：其他货币资金——银行本票　　5 000

　　　　库存现金　　650

4. 汇兑结算的账务处理

汇款单位根据银行退回的信汇、电汇凭证存根联，根据不同情况编制记账凭证。如果汇款单位用汇款清理旧账，则应编制银行存款付款凭证，其会计分录如下：

借：应付账款——×× 单位

贷：银行存款

如果汇款单位将款项汇往采购地，在采购地银行开立临时存款户，则应编制银行存款付款凭证，其会计分录为：

借：其他货币资金——外埠存款

贷：银行存款

【例 3-13】某公司到 N 市委托银行以电汇方式向该市某银行汇款 103 200 元，设立临时采购专户。银行按规定收取手续费 42 元，从账户中扣收。财务部门根据银行盖章退回的汇款凭证存根联编制银行存款付款凭证，编制会计分录如下：

借：其他货币资金——外埠存款　103 200

贷：银行存款　103 200

同时，按银行收取的手续费，编制银行存款付款凭证，编制会计分录如下：

借：财务费用　42

贷：银行存款　42

5. **信用证结算的账务处理**

企业向银行申请开立信用证，应按规定向银行提交开证申请书、信用证申请人承诺书和购销合同。企业向银行交纳保证金，根据银行退回的进账存根联，借记“其他货币资金——信用证保证金”账户，贷记“银行存款”账户；根据开证行交来的信用证通知书及有关单据列明的金额，借记“材料采购”“原材料”“库存商品”“应交税费——应交增值税（进项税额）”等账户，贷记“其他货币资金——信用证保证金”和“银行存款”账户。

【例 3-14】某公司委托银行对境外供货单位开出信用证 50 000 元时，根据开户银行盖章退回的由企业提交的“信用证委托书”回单，编制会计分录如下：

借：其他货币资金——信用证保证金　50 000

贷：银行存款　50 000

【例 3-15】某公司收到中国银行转来该公司信用证结算凭证及所附发票账单等有关凭证，购进物资 15 000 元，增值税 1 950 元。经核对无误后，编制会计分录如下：

借：材料采购 15 000

应交税费——应交增值税（进项税额） 1 950

贷：其他货币资金——信用证保证金 16 950

其余结算方式在这里未一一举例说明，有的是因为要在其他章节另讲（如商业汇票等），有的是与上述内容的账务处理相似。

五、银行存款清查

为了加强对银行存款的管理与监督，防止记账发生差错，企业对银行存款必须经常进行清查。通过核对账目，将开户银行定期编制的对账单与企业银行存款日记账逐笔核对，既要核对金额，又要核对结算凭证的种类和号数，以便及时发现差错，便于调整。

在实际工作中，若出现企业银行存款日记账账面余额与银行对账单余额不一致的情况，原因有两点：一是任何一方都可能出现记账错漏；二是由于企业入账时间和程序与银行入账时间和程序不相同，形成未达账项。所谓未达账项，是指企业或银行一方已经入账，而另一方由于未收到有关收付款结算凭证或未及时进行账务处理，因而还未入账的款项。对银行或企业错记、漏记的业务，查找原因后，编制会计分录进行更正。因未达账项使双方余额不一致时，可通过编制银行存款余额调节表，使之调节相符。

未达账项一般有以下四种情况：

1. 企业已入账，银行尚未入账的收款业务。即企业已借记“银行存款”账户，而银行尚未记入企业的存款户。

2. 企业已支付，银行尚未支付的付款业务。即企业已贷记“银行存款”账户，而银行尚未作出减少企业存款的记录。

3. 银行已收款入账，企业尚未入账的收款业务。即银行已根据有关凭证作了增加企业银行存款的账务处理，但企业因尚未收到通知而没有入账。

4. 银行已付款入账，企业尚未入账的付款业务。即银行已根据有关凭证作了减少企业银行存款的账务处理，但企业因尚未收到通知而没有入账。

【例 3-16】N 公司 2018 年 7 月 31 日，银行存款日记账余额为 27 000 元，而银行对账单余额为 28 180 元，经逐笔核对后，发现有以下未达账项：

（1）N 公司 7 月 30 日存入转账支票 5 000 元，但银行因内部手续尚未办妥，还未入账。

（2）N公司7月30日开出一张转账支票4 000元和一张现金支票280元，由于持票人尚未到银行办理转账及取款手续，故银行尚未入账。

（3）N公司委托银行代收的货款3 000元，7月30日银行已经收到并登记入账，由于收账通知尚未送达N公司，故N公司尚未入账。

（4）电信局委托银行代收N公司应付的电话费1 100元，银行已从N公司存款中代付，由于转账通知单尚未送达N公司，故N公司尚未入账。

根据上述资料，N公司2018年7月31日编制银行存款余额调节表（见表3—1）。

表3—1　　N公司银行存款余额调节表

项目	金额	项目	金额
企业银行存款余额	27 000	银行对账单上的存款余额	28 180
加：银行已收企业未收的款项	3 000	加：企业已收银行未收的款项	5 000
减：银行已付企业未付的款项	1 100	减：企业已付银行未付的款项	4 280
调节后的余额	28 900	调节后的余额	28 900

如果调节后的余额仍不相符，表明记账有错，必须进一步查明原因，予以更正。属于银行差错的，应立即通知银行方面更正；属于企业记账差错或漏记的，应由企业进行更正。但调节后的余额不能作为调整企业账面记录的依据，企业只有收到未达账项的有关凭证后，才能据此入账。

第四章　应收及应付款项

学习目标

1. 明确应收账款、应收票据、预付账款等概念，掌握应收账款、应收票据、预付账款等业务的核算方法，了解应收账款、应收票据、预付账款的计价方法。

2. 明确应付账款、应付票据等概念，掌握应付账款、应付票据等业务的核算方法。

应收及应付款项是企业、各经济组织发生经营交易活动的日常事项。应收款项包括应收账款、应收票据、预付账款和其他应收款等；应付款项包括应付账款、应付票据和其他应付款等。

第一节　应收及预付款项

应收及预付款项是指企业在日常生产经营过程中发生的短期债权，会计上归为企业的流动资产。应收及预付款项包括应收账款、应收票据和预付账款等。

一、应收账款

1. 应收账款的概念和范围

应收账款是指企业在正常的经营过程中因销售商品、产品、提供劳务等业务，应向购买单位收取的款项，包括应由购买单位或接受劳务单位负担的税金、代购买方垫付的各种运杂费，以及承兑到期而未能收到款的商业承兑汇票等。

应收账款的范围包括：第一，应收账款是指因销售活动或提供劳务而形成的债权，不包括应收职工欠款、应收债务人的利息等其他应收款；第二，应收账款是指流动资产性质的债权，不包括长期的债权，如购买长期债券等；第三，应收账款是指本公司应收客户的款项，不包括本公司付出的各类存储保证金，如投标保证金和租入包装物保证金等。

2. 应收账款的确认及计价

按照权责发生制原则，应收账款必须同时满足以下两个条件才能确认销售收入：第一，商品或劳务已经提供给顾客，即交易已经发生；第二，已经收到现金或取得收取现金的权利。

应收账款取得时通常应按实际的发生额计价入账。在计算应收账款的入账金额时，还要考虑折扣因素。商业上通用的折扣办法包括商业折扣和现金折扣两种。

（1）商业折扣的业务处理

商业折扣是指企业为了促销而在标价上给予的价格扣除。企业销售商品涉及商业折扣的，应当按照扣除商业折扣后的金额（即净额）确定收入。

商业折扣不影响销售商品收入的计量。销售货物涉及商业折扣的，应当按照商业折扣后的金额确定销售收入金额。由此可见，商业折扣的税务处理与会计处理相同。

实务中，商业折扣有两种做法：一是折扣销售，即按照折扣后的金额开具发票，确认收入，计算销项税额；二是销售折扣，即将未折扣前的销售额与折扣额开在同一份发票上。这两种做法均符合现行流转税、所得税处理及会计处理的规定。

【例 4-1】A 公司赊销商品一批，按价目表的价格盘算，货款金额总计 100 000 元，给买方的商业折扣为 10%，适用增值税税率为 13%，代垫运杂费 5 000 元。

在销售时有商业折扣的情况下，应收账款和销售收入按扣除商业折扣后的金额入账。编制会计分录如下：

借：应收账款	106 700	
贷：主营业务收入		90 000
应交税费——应交增值税（销项税额）		11 700
银行存款		5 000

收到货款时，编制会计分录如下：

借：银行存款	106 700	
贷：应收账款		106 700

（2）现金折扣的业务处理

现金折扣是指在销售商品收入金额确定的情况下，债权人为鼓励债务人在规定的期限内付款而向债务人提供的债务扣除。一般现金折扣的表示方法为：2/10、1/20、n/30（10 天内付款给予 2% 的折扣，20 天内付款给予 1% 的折扣，20 天以后付款没有现金折扣，最迟的付款期为 30 天）。

1）我国采用总价法处理。关于现金折扣的会计核算有两种处理方法：一是按合同总价款扣除现金折扣后的净额计量收入；二是按合同总价款全额计量收入。我国企业会计准则采用的是第二种做法。这样，销售商品涉及现金折扣的，按照扣除现金折扣前的金额确定销售商品收入金额，现金折扣在实际发生时计入当期损益（财务费用）。

2）折扣额是否含税要看交易双方，应在合同中明确。而最终企业应交的增值税是根据税法规定计算的，不受双方交易的影响。

【例 4-2】某企业销售产品一批，售价（不含税）10 000 元，规定的现金折扣条件为 2/10、n/30，适用的增值税税率为 13%，产品已发出并办妥托收手续。

A. 按总价法的会计分录为：

借：应收账款　　11 300

　　贷：产品销售收入　　10 000

　　　　应交税费——应交增值税（销项税额）　　1 300

B. 如果上述货款在 10 天内收到，其会计分录为：

借：银行存款　　11 074

　　财务费用　　226

　　贷：应收账款　　11 300

C. 如果超过了现金折扣的最后期限，其会计分录为：

借：银行存款　　11 300

　　贷：应收账款　　11 300

3. 应收账款的核算

应收账款的核算是通过“应收账款”账户进行的。该账户属资产类账户，借方反映企业应收账款金额的增加，贷方反映企业应收账款金额的减少。不单独设置“预收账款”账户的企业，预收的款项可在“应收账款”的贷方予以反映。

销售商品或材料等发生应收款项时，按合同或协议金额，借记“应收账款”账户，贷记“主营业务收入”“其他业务收入”“应交税费——应交增值税（销项税额）”等账户；收回款项时，借记“银行存款”等账户，贷记“应收账款”账户。代购货单位垫付的包装物、运杂费，借记“应收账款”账户，贷记“银行存款”等账户。如果企业应收账款改用应收票据结算，在收到承兑的商业汇票时，借记“应收票据”账户，贷记“应收账款”账户。

（1）不存在现金折扣的情况

【例 4-3】A 公司向 B 公司销售一批商品，货款 11 300 元，其中，商品价款 10 000 元，增值税 1 300 元，为 B 公司代垫的运杂费 50 元。编制会计分录如下：

①销售商品，确认收入

借：应收账款——B 公司　11 350

　　贷：主营业务收入　10 000

　　　　应交税费——应交增值税（销项税额）　1 300

　　　　银行存款　50

②收到货款

借：银行存款　11 350

　　贷：应收账款——B 公司　11 350

若 A 公司给予 B 公司 5% 的商业折扣，那么 A 公司销售商品的价款为 9 500 元，增值税为 1 235 元。编制会计分录如下：

借：应收账款——B 公司　10 735

　　贷：主营业务收入　9 500

　　　　应交税费——应交增值税（销项税额）　1 235

（2）存在现金折扣的情况

【例 4-4】沿用【例 4-3】，假设没有发生代垫费用，若 A 公司规定的现金折扣条件为“2/10，n/30”。编制会计分录如下：

①销售商品，确认收入

借：应收账款——B 公司　11 300

　　贷：主营业务收入　10 000

　　　　应交税费——应交增值税（销项税额）　1 300

②在 10 天之内收到货款，则现金折扣为 10 000 × 2%=200（元）。

借：银行存款　11 100

　　财务费用　200

　　贷：应收账款——B 公司　11 300

③在 10 天之后收到货款，无现金折扣。

借：银行存款　11 300

　　贷：应收账款——B 公司　11 300

二、应收票据

应收票据是指企业持有的、尚未到期兑现的商业票据，是一种载有一定付款日期、付款地点、付款金额和付款人的无条件支付的流通证券，也是一种可以由持票人自由转让给他人的债权凭证。

1. 应收票据的种类

应收票据包括商业承兑汇票和银行承兑汇票。应收票据按照到期时间，可分为短期应收票据和长期应收票据，如无特指，应收票据即为短期应收票据。应收票据按是否带息，可分为带息应收票据和不带息应收票据。带息应收票据是票面注明利息的应收票据，其利息应单独计算；不带息应收票据是票面不带利息的应收票据，其利息包含在票面本金之中。

2. 应收票据的计价

应收票据应以未来现金收入的现值计价，带息的短期应收票据的现值等于其票面本金，不带息的短期应收票据的面值就是到期值。由于现值与其到期值相关不大，不带息的短期应收票据均以到期值计价。长期应收票据以交换商品或劳务的公允市场价格计价，或以票据的公允市场价格计价，如果这两种公允市场价格均无法确定，则以票据的现值计价。

3. 应收票据的核算

（1）应收票据取得的核算

取得应收票据时，无论是商业承兑汇票还是银行承兑汇票，无论是带息商业汇票还是不带息商业汇票，一般应按其面值入账。其账务处理为：

因债务人抵偿前欠货款而取得应收票据时，借记“应收票据”（票据的面值）账户，贷记“应收账款”账户；因销售商品而收到应收票据时，借记“应收票据”（票据的面值）账户，贷记“主营业务收入”（不含增值税的收入）、“应交税费——应交增值税（销项税额）”账户；应收票据期末计价。对于带息应收票据，期末按应收票据面值和确定的票面利率计提利息，并增加应收票据的账面余额。利息借记“应收票据”账户，贷记“财务费用”账户。

（2）应收票据到期收回的核算

票据面值带息应收票据到期值 = 票据面值 + 票据面值 × 票面利率 × 票据期限

下面主要分析带息应收票据到期值中票据期限的计算。应收票据期限有两种表示方式：一种是以“天数”表示。此时采用票据签发日与到期日“算头不算尾”或“算尾不算头”的方法，按实际天数计算到期日。例如，7 月 18 日出票 60 天到期，求到期日：

7 月：31-18+1=14 天或 7 月：31-18=13 天；8 月：31 天；9 月：15 天或 9 月：16 天。合计：60 天。所以到期日为 9 月 16 日。

另一种是以“月数”表示。此时票据到期日以签发日数月后的对日计算，而不论各月是大月还是小月。例如，4 月 16 日签发、3 个月到期的商业汇票，到期日为 7 月 16 日。如果票据签发日为月末的最后一天，则到期日为若干月后的最后一天。例如 1 月 31 日签发：1 个月到期的商业汇票，到期日为 2 月 28 日或 29 日；2 个月到期的商业汇票，到期日为 3 月 31 日；3 个月到期的商业汇票，到期日为 4 月 30 日；以此类推。

【例 4-5】A 企业 2018 年 12 月 1 日取得应收票据，票据面值为 10 000 元，票面利率为 12%，6 个月期限；2019 年 5 月 1 日将该票据背书转让购进原材料，专用发票注明价款为 12 000 元，进项税额为 1 560 元，差额部分通过银行支付。

1）2018 年 12 月 31 日计提票据利息时，编制会计分录如下：

借：应收票据　　10 000 × 12% ÷ 12 × 1=100

　　贷：财务费用　　100

2）2019 年 5 月 1 日，编制会计分录如下：

借：原材料　　12 000

　　应交税费——应交增值税（进项税额）　　1 560

　　贷：应收票据　　10 000+100=10 100

　　　　财务费用　　10 000 × 12% ÷ 12 × 4=400

　　　　银行存款　　3 060

三、预付账款及其他应收款

预付账款是指企业按照购货合同或劳务合同规定，预先支付给供货方或提供劳务方的账款。预付账款不多的企业，可以不设“预付账款”账户，而并入“应收账款”账户核算。

预付账款的核算包括预付账款和收回货物两个方面。

1. 预付账款的账务处理

根据购销合同的规定向销货方预付货款时，借记“预付账款”账户，贷记“银行存款”账户。

2. 收回货物的账务处理

企业收到所购货物时，借记“原材料”等账户，贷记“预付账款”账户；当预付货款小于采购货物的货款及增值税时，应将不足部分补付，借记“预付账款”账户，贷记“银行存款”账户；当预付货款大于采购货物的货款及增值税时，对收回的多余款项应借记“银行存款”账户，贷记“预付账款”账户。

3. 其他应收款的核算

其他应收款是指企业除应收账款、应收票据、预付账款以外的其他各种应收、暂付给其他单位和个人的款项，包括应收的各种赔款、罚款，应收出租包装物租金、备用金、存储保证金，应向职工收取的各种垫付款项以及已不符合预付账款性质而按规定转入的预付账款等。

企业发生其他应收款时，按应收金额借记“其他应收款”账户，贷记有关账户。收回各种款项时，借记有关账户，贷记“其他应收款”账户。

【例 4-6】红星电器厂预付甲企业的原材料款共计 150 000 元。编制会计分录如下：

借：预付账款——甲企业　　150 000

　　贷：银行存款　　150 000

收到原材料及专用发票时，货款价为 200 000 元，增值税为 26 000 元，应补付 76 000 元。编制会计分录如下：

借：原材料　　200 000

　　应交税费——应交增值税（进项税额）　　26 000

　　贷：预付账款——甲企业　　226 000

补付货款，编制会计分录如下：

借：预付账款——甲企业　　76 000

　　贷：银行存款　　76 000

若红星电器厂收到原材料及专用发票，全部货价为 100 000 元，增值税 13 000 元，应退 37 000 元，编制会计分录如下：

借：原材料　　100 000

应交税费——应交增值税（进项税额） 13 000

贷：预付账款——甲企业 113 000

退回多付的货款，编制会计分录如下：

借：银行存款 37 000

贷：预付账款——甲企业 37 000

【例 4-7】A 公司 5 日设立管理部门定额备用金，由张某负责管理。管理部门的定额备用金核定定额为 1 000 元，财务部门开出现金支票。编制会计分录如下：

借：其他应收款——备用金（张某） 1 000

贷：银行存款 1 000

【例 4-8】16 日，A 公司张某交来普通发票 220 元，报销管理部门购买办公用品的支出，财务科以现金补足该定额备用金。编制会计分录如下：

借：管理费用 220

贷：库存现金 220

【例 4-9】22 日，A 公司经批准减少管理部门定额备用金的核定定额 200 元，张某将 200 元交回财务科。编制会计分录如下：

借：库存现金 200

贷：其他应收款——备用金（张某） 200

【例 4-10】30 日，A 公司由于机构变动，经批准撤销管理部门定额备用金，张某交回购买办公用品支出的普通发票 30 元及现金 170 元。

借：管理费用 30

库存现金 170

贷：其他应收款——备用金（张某） 200

第二节　应付款项

应付账款和应付票据是企业和经营组织在结算中发生的负债。

一、应付账款

应付账款是指企业因购买材料、商品或接受劳务供应等业务应支付给供应者而未付的账款。应付账款是由于在购销活动中买卖双方取得物资与支付货款在时间上的不一致而产生的负债。企业的其他应付账款，如应付赔偿款、应付租金、存入保证金等，不属于应付账款的核算内容。

企业购入材料、商品等验收入库，但尚未支付货款，根据有关凭证（发票账单、随货同行发票上记载的实际价款或暂估价值），借记“原材料”“库存商品”“应交税费——应交增值税（进项税额）”等账户，贷记“应付账款”账户。企业接受供应单位提供劳务而发生的应付但尚未支付的款项，应根据供应单位的发票账单，借记“制造费用”“管理费用”等有关成本费用账户，贷记“应付账款”账户。企业偿付应付账款时，借记“应付账款”账户，贷记“银行存款”账户。企业开出、承兑商业汇票抵付购货款时，借记“应付账款”账户，贷记“应付票据”账户。企业的应付账款因对方单位发生变故确实无法支付时，报经有关部门批准后，可视同企业经营业务以外的一项额外收入，借记“应付账款”账户，贷记“营业外收入”账户。

【例 4-11】甲企业为增值税一般纳税人企业。6 月 1 日甲企业从 A 公司购入一批材料，价款 100 000 元，增值税 13 000 元，对方代垫运杂费 1 000 元。原材料已经验收入库，款项尚未支付。编制会计分录如下：

借：原材料 101 000

应交税费——应交增值税（进项税额） 13 000

贷：应付账款——A 公司 114 000

【例 4–12】甲百货公司于 6 月 2 日从 A 公司购入一批家电产品并已验收入库。专用发票上的价款 1 000 000 元，增值税 130 000 元。编制会计分录如下：

借：库存商品 1 000 000

应交税费——应交增值税（进项税额） 130 000

贷：应付账款——A 公司 1 130 000

【例 4–13】承【例 4–12】，7 月 31 日，甲百货公司用银行存款支付上述应付账款。编制会计分录如下：

借：应付账款——A 公司 1 130 000

贷：银行存款 1 130 000

【例 4–14】12 月 31 日，丁企业从 A 公司购入一批材料，应付账款 4 000 元，但这笔账款确定为无法支付的款项，予以注销。编制会计分录如下：

借：应付账款——A 公司 4 000

贷：营业外收入 4 000

二、应付票据

1. 应付票据的概述

应付票据是由出票人出票，委托付款人在指定日期内无条件支付确定的金额给收款人或者持票人的票据。应付票据也是委托付款人承诺在一定时间内支付一定款额的书面证明。在我国，企业的应付票据主要指的是商业汇票，按是否带息可分为带息应付票据和不带息应付票据。

（1）带息应付票据的处理

应付票据如为带息票据，其面值就是票据的现值。由于我国商业汇票期限较短，因此，通常在期末时对尚未支付的应付票据计提利息，计入当期财务费用；票据到期支付票款时，尚未计提的利息部分直接计入当期财务费用。

（2）不带息应付票据的处理

不带息应付票据的面值就是票据到期时的应付金额。

2. 应付票据的核算

企业应通过“应付票据”账户核算应付票据的发生、偿付等情况。该账户贷方登记开出承兑汇票的面值及带息票据的预提利息，借方登记支付票据的金额，余额在贷方，表示企业尚未到期的商业汇票的票面金额和应付未付的利息。企业因购买材料、商品和接受劳务供应等而开出、承兑的商业汇票，应当按其票面金额作为应付票据的入账金额，借记“材料采购”“库存商品”“应付账款”“应交税费——应交增值税（进项税额）”等账户，贷记“应付票据”账户。企业支付的银行承兑汇票手续费应当计入财务费用，借记“财务费用”账户，贷记“银行存款”账户。企业开出、承兑的带息票据，应于期末计算应付利息，计入当期财务费用，借记“财务费用”账户，贷记“应付票据”账户。应付票据到期支付票款时，应按票面金额予以结转，借记“应付票据”账户，贷记“银行存款”账户。应付商业承兑汇票到期，如企业无力支付票款，应将应付票据按票面金额转作应付账款，借记“应付票据”账户，贷记“应付账款”账户。应付银行承兑汇票到期，如企业无力支付票款，应将应付票据的票面金额转作短期借款，借记“应付票据”账户，贷记“短期借款”账户。

【例 4-15】甲企业为增值税一般纳税人企业。该企业于 5 月 6 日开出并承兑一张面值为 56 500 元，期限为 5 个月的不带息商业承兑汇票，用以采购一批材料，材料已收到，按计划成本核算。增值税专用发票上注明的材料价款为 50 000 元，增值税税额为 6 500 元。编制会计分录如下：

借：材料采购　　50 000

　　应交税费——应交增值税（进项税额）　　6 500

　　贷：应付票据　　56 500

【例 4-16】假设【例 4-15】中的商业承兑汇票为银行承兑汇票，甲企业已经缴纳承兑手续费 29.25 元。编制会计分录如下：

借：财务费用　　29.25

　　贷：银行存款　　29.25

【例 4-17】某增值税一般纳税人企业于 4 月 1 日购买商品 60 000 元，同时出具一张面值为 67 800 元，期限为 3 个月的带息银行承兑汇票，年利率为 10%，支付银行承兑手续费 351 元。该企业编制会计分录如下：

（1）购买商品，出具银行承兑汇票时：

借：库存商品　　60 000

　　应交税费——应交增值税（进项税额）　　7 800

　　贷：应付票据——银行承兑汇票　　67 800

（2）支付银行承兑手续费：

借：财务费用　　351

　　贷：银行存款　　351

（3）4 月 30 日，计提应付利息 67 800×10%÷12=565（元）：

借：财务费用　　565

　　贷：应付票据——银行承兑汇票　　565

（4）5 月 31 日和 6 月 30 日计提应付利息（分录同上）。

（5）7 月 1 日，票据到期，支付本息时：

借：应付票据——银行承兑汇票　　69 495

　　贷：银行存款　　69 495

【例 4-18】某公司于 6 月 1 日从丙企业购入一批原材料，其价款为 50 000 元，增值税款为 6 500 元，该公司同时出具一张期限为 3 个月的带息票据，年利率为 9%。该公司编制会计分录如下：

（1）6 月 1 日，购入材料时：

借：原材料　　50 000

　　应交税费——应交增值税（进项税额）　　6 500

　　贷：应付票据　　56 500

（2）7 月 31 日，记录两个月的利息费用（56 500×9%×2÷12）时：

借：财务费用——利息支出　　847.5

　　贷：应付票据　　847.5

（3）9 月 1 日，到期付款时：

借：财务费用——利息支出　　423.75

　　应付票据　　57 347.5

　　贷：银行存款　　57 771.25

三、其他应付款

其他应付款是指企业在商品交易业务以外发生的应付和暂收款项，即企业除应付票据、应付账款、应付职工薪酬、应付利润等以外的应付、暂收其他单位或个人的款项，如应付租入固定资产和包装物的租金，存入保证金，职工未按期领取的工资，应付、暂收所属单位、个人的款项，管辖区内业主和物业管护装修存入保证金，应付职工统筹退休金，以及应收暂付上级单位、所属单位的款项等。

本账户属于负债类账户，贷方登记发生的各种应付、暂收款项，借方登记偿还或转销的各种应付、暂收款项，月末余额在贷方，表示企业应付、暂收结存现金。本账户应按应付、暂收款项的类别设置明细账户。企业发生各种应付、暂收或退回有关款项时，借记“银行存款”“管理费用”等账户，贷记“其他应付款”账户；支付有关款项时，借记“其他应付款”账户，贷记“银行存款”账户。

企业采用售后回购方式融入资金时，应按实际收到的金额借记“银行存款”账户，贷记本账户。回购价格与原销售价格之间的差额，应在售后回购期间内按期计提利息费用，借记“财务费用”账户，贷记本账户。按照合同约定购回该项商品等时，应按实际支付的金额，借记本账户，贷记“银行存款”账户。

【例 4-19】3 月 5 日，红星公司以经营性租赁方式租入厂房一幢，按租赁合同规定，每月租金于次月月底支付，本月计提应付租金 2 500 元。编制会计分录如下：

借：制造费用　　2 500

　　贷：其他应付款——应付租金　　2 500

4 月 30 日，上述红星公司通过银行转账支付应付租金，编制会计分录如下：

借：其他应付款——应付租金　　2 500

　　贷：银行存款　　2 500

【例 4-20】甲公司出租给某企业机器设备一台，收到租用押金 6 000 元。编制会计分录如下：

借：银行存款　　6 000

　　贷：其他应付款　　6 000

第五章 采购、存货和销售业务核算

学习目标

1. 了解采购的含义，熟悉采购业务的操作流程。

2. 掌握采购业务的核算方法，熟悉采购业务核算的内容和账务处理方法。

3. 明确存货的概念和特征，熟悉存货的种类，掌握存货的计量方法。

4. 熟悉存货的验收和发出方法，掌握存货的清查和盘存的核算方法。

5. 了解工业企业销售业务核算的内容，掌握销售收入的核算和成本结转的计算方法。

6. 熟悉商业企业销售业务的核算方法，掌握销售收入的调整和折扣、折让的账务处理方法。

采购、存货和销售是企业经营活动过程中极其重要的环节。企业只有采购生产适用、价格合理、质量合格的原材料，才能生产出适销对路的盈利产品。存货是采购和销售的中间环节，是指企业日常经营活动过程中持有的准备出售的产品或商品，或尚处于生产过程的在产品，或在提供劳务过程中耗用的材料或物资等。企业最终需要通过销售业务的完成才能获得营业收入并实现利润。

第一节 采购业务核算

企业采购严格意义上说是指有制造需求的企业对各种生产原材料、零部件等物资需求的采购过程。企业采购是现今市场经济条件下一种最主要的采购方式。生产企业的生产是以采购作为前提条件的，没有采购生产就不能进行。企业的采购不仅采购数量多，采购市场范围广，而且对采购活动要求也特别严格。企业的采购要对全厂的需求产品类型、需求量、需求规律进行深入研究，要对国内外众多的供应商进行分析比较，还要对采购过程中各个环节进行科学操作，只有这样才能完成好采购任务，保证企业生产所需各种物资的适时、适量供应。

一、企业采购业务流程

1. 提出采购申请

合理的采购申请应该建立在准确地把握企业具体物资需求的基础上。用料部门在下采购单之前要对物资的质量、规格、型号等作出专业标记，并制作具体的物资需求清单附在物资采购单后面。

2. 选择供应商

供应商的选择是采购环节中一项重要的内容。理想的供应商不仅要产品质量好，而且要物美价廉，同时各种税费要合理，所以说选择一个各方面都不错的供应商建立长期稳定的合作关系非常重要。

3. 采购谈判

所有的物资采购谈判都是围绕供应商所给出的交易条件展开的。谈判的中心是确定价格，与此同时，质量、数量、产品包装、产品交货时间以及运输方式、售后服务等也同样重要。

4. 签发采购订单

采购订单是物资需求企业向供应商企业订货的凭证单据，是一份具有法律效力的书面文件。一张标准的采购订单通常包括以下内容：

（1）物资的具体名称。

（2）物资的品质及数量规格。

（3）物资的包装及运送方式。

（4）售后服务或其他要求。

5. 及时跟踪反馈物资采购订单

物资需求企业签发采购订单后，必须及时追踪货物到货情况。如果供应商未发货，则应不间断地向供应商催货以确保供应商能够按时保质交货。如果货物运输过程中出现一些问题，物资需求方也应及时处理，以求将损失降到最低。

6. 验收物资

物资进入物资需求方仓库之前必须要做到严格查验，包括对产品的数量、质量以及规格等与物资采购单做比对，如若出现大量不合格产品，则应立即退还供应商企业。

7. 付款及评价

付款方式是订货之前双方在采购合同中提前约定好的。在这个环节，采购部门以及用料部门一定要配合财务部门做好付款工作，以免出现不必要的损失。

二、物资采购业务核算

企业用货币购买各种物资，需要核算支付物资的买价、增值税进项税额和采购费用，物资的买价与采购费用构成物资的采购成本。同时，企业还与供应商进行货款结算，对供应商发来的物资应计算其采购成本，并验收入库。因此，采购业务和结算业务是物资采购核算的主要内容。

以工业企业为例，为了加强对物资采购业务的管理，组织物资采购核算，确定物资的实际采购成本，需要设置“材料采购”账户。该账户属于资产类账户，用以核算企业购入物资的买价和采购费用，其借方登记物资的买价和采购费用，贷方登记已入库物资的实际采购成本，月末借方余额反映尚未到达或已到达尚未验收入库的在途物资。“材料采购”账户可按物资品种、规格设置明细账户，以便核算各种物资的实际采购成本。

为了核算和监督各种物资的收、发、领、退和结存情况，反映物资储备的增减变动，应开设“原材料”账户（商业企业开设“库存商品”账户）。该账户属于资产类账户，用来核算企业库存的各种物资，其借方登记“物资采购”账户转来的外购入库物资的实际成本，贷方登记发出物资的实际成本，期末借方余额为库存物资的实际成本。“原材料”账户可按物资名称或类别设置明细账户，以具体反映库存物资的增减变化情况。

为了核算企业应交和已交税费的情况，需设置“应交税费”账户。该账户属于负债类账户，其贷方登记企业计算应缴纳的各种税费，借方登记实际缴纳的税费，期末贷方余额表示尚未缴纳的税费。“应交税费”账户应按税种设置明细账户，其中“应交税费——应交增值税”账户用来核算企业应交增值税。购买材料物资时，应缴纳的进项税额记入该账户的借方，销售商品、产品而取得的销项税额记入该账户的贷方。

为了核算和监督企业采购过程中与供应单位发生的结算债务，需要设置“应付账款”账户。该账户属于流动负债账户，用以核算企业购买材料、物资和接受劳务供应等应付给供应单位款项的增减变动情况，其贷方登记应付账款的发生数额，借方登记偿还数额，期末贷方余额表示尚未清偿的债务数额。“应付账款”账户应按供应单位或个人（债权人）设置明细账户，进行明细分类核算。

根据结算方式的不同，还可设置“应付票据”账户。该账户属于负债类账户，用以核算企业对外发生债务时开出并承兑的商业汇票，其贷方登记企业开出并承兑的商业汇票，借方登记汇票到期支付的款项或转作应付账款、短期借款的款项，期末贷方余额表示尚未支付的商业汇票票款。

对物资采购业务的核算方法，举例说明如下：

【例 5-1】12 月 2 日，A 工厂向西安工厂购入甲物资 600 kg，98 元 /kg，买价 58 800 元，增值税税额 7 644 元，运杂费 1 200 元，共计 67 644 元，物资尚未到达，货款尚未支付。

这项经济业务的发生，引起资产和负债两个要素发生变化。A 工厂一方面物资的买价 58 800 元和运杂费 1 200 元构成物资采购成本，均应记入“材料采购”账户借方，增值税税额 7 644 元应记入“应交税费——应交增值税”账户借方；另一方面，由于货款 67 644 元尚未支付，形成企业对供应商的一项债务，所以应记入“应付账款”账户贷方。编制会计分录如下：

借：材料采购——甲物资 60 000

应交税费——应交增值税（进项税额） 7 644

贷：应付账款——西安工厂 67 644

【例 5–2】12 月 4 日，A 工厂上述甲物资已验收入库，按其实际采购成本转账。

这项经济业务的发生，引起资产要素此增彼减。A 工厂 12 月 4 日购入的物资到达并验收入库，应按物资的实际成本入账，记入“原材料”账户借方和“材料采购”账户贷方。编制会计分录如下：

借：原材料——甲物资 60 000

贷：材料采购——甲物资 60 000

【例 5–3】12 月 8 日，A 工厂向东华工厂购入乙物资 1 000 kg，168 元 /kg，买价 168 000 元，增值税税额 21 840 元，运杂费 2 000 元，共计 191 840 元，货款已从银行支付，物资已验收入库。

这项经济业务的发生，引起资产和负债两个要素发生变化。A 工厂购入物资的买价、运杂费及增值税税额均用银行存款支付，应记入“材料采购”账户和“应交税费——应交增值税”账户借方及“银行存款”账户贷方。同时，物资验收入库，引起资产要素此增彼减，应记入“原材料”账户借方和“材料采购”账户贷方。编制会计分录如下：

借：材料采购——乙物资 170 000

应交税费——应交增值税（进项税额） 21 840

贷：银行存款 191 840

物资验收入库：

借：原材料——乙物资 170 000

贷：材料采购——物资 170 000

【例 5–4】12 月 20 日，A 工厂以银行存款偿还欠西安工厂的货款 65 000 元。

这项经济业务的发生，引起资产和负债两个要素发生变化。A 工厂一方面以银行存款归还欠款，使应付账款减少65 000元，应记入“应付账款”账户借方；另一方面银行存款减少65 000元，应记入“银行存款”账户贷方。编制会计分录如下：

借：应付账款——西安工厂 65 000

　　贷：银行存款 65 000

【例5-5】12月25日，A工厂向东华工厂购入甲物资200 kg，98元/kg，买价计19 600元，增值税税额2 548元；乙物资500 kg，168元/kg，买价计84 000元，增值税税额10 920元；共同发生运杂费1 400元，合计金额118 468元。其中，乙物资货款、增值税税额及运杂费等95 920元由银行支付；甲物资货款、增值税税额及运杂费等22 548元开出商业承兑汇票结算。甲、乙物资已验收入库。

这项经济业务的发生，引起资产和负债两个要素发生变化。A工厂向东华工厂购入甲、乙两种物资，应分别按买价和运杂费记入“材料采购”账户借方；乙物资买价、增值税税额和运杂费以银行存款支付，应记入“银行存款”账户贷方；甲物资买价、增值税税额和运杂费开出商业汇票结算，应记入“应付票据”账户贷方；同时甲、乙物资已验收入库，引起资产要素此增彼减，应记入“原材料”账户借方和“材料采购”账户贷方。编制会计分录如下：

借：材料采购——甲物资 20 000

　　　　　　——乙物资 85 000

　　应交税费——应交增值税（进项税额） 13 468

　　贷：银行存款 95 920

　　　　应付票据 22 548

同时：

借：原材料——甲物资 20 000

　　　　　——乙物资 85 000

　　贷：材料采购——甲物资 20 000

　　　　　　　　——乙物资 85 000

材料采购业务，除了进行总分类核算外，还应在材料采购、原材料和应付账款的有关明细账户中进行明细分类核算。

三、物资采购成本计算

1. 成本计算的概念

在生产经营过程中，工业企业经常要发生人力、物力、财力的消耗，这些劳动消耗的货币表现称为费用。各种费用要按照一定的对象（如采购的物资、制造的产品等）进行归集和分配，以计算确定各对象的总成本和单位成本，即为成本计算。

工业企业通常是按经营过程的各个阶段分别计算成本的。因此，成本计算分为物资采购成本计算、产品制造成本计算和主营业务成本计算。

2. 物资采购成本的计算

物资采购成本的计算，就是按照各种外购物资的批量、品种、类别，归集和分配在采购过程中发生的物资买价和各项采购费用，并按成本项目计算各种物资材料的实际采购总成本及单位成本。各种外购物资就是采购阶段成本计算的对象。

物资采购的成本项目通常包括以下几项：

（1）物资的买价，即供应单位开出的发票价格。

（2）采购费用，如运杂费、运输途中的合理损耗、入库前的整理挑选费用等。

一般情况下，物资的买价可以直接计入各种物资的采购成本。物资的采购费用有的是专为采购某一种物资而发生的，有的是为采购几种物资而发生的。对发生的采购费用，凡能分清属于哪一种物资负担的，可以直接计入该物资的采购成本；不能分清的，应按物资的重量或买价等比例分配计入各种物资的采购成本。共同采购费用分配的计算公式如下：

$$\text{采购费用分配率}=\frac{\text{采购费用总额}}{\sum\text{物资总重量（或总买价）}}$$

某种物资应分配的采购费用 = 该种物资总重量（或总买价）× 采购费用分配率

现以本章【例 5-5】说明采购费用的分配，具体如下：

$$\text{采购费用分配率}=\frac{\text{采购费用总额（1 400 元）}}{\sum\text{物资总重量 [（200+500）kg]}}=2\text{（元 /kg）}$$

甲材料应分配的运杂费 =200 × 2=400（元）

乙材料应分配的运杂费 =500×2=1 000（元）

现以本节经济业务【例 5-1】至【例 5-5】所编制的会计分录为依据，分别登记 A 工厂有关物资采购明细分类账，见表 5—1 和表 5—2，再以此编制物资采购成本计算表，见表 5—3。

表 5—1　　物资采购明细分类账 1

物资名称：甲物资　　单位：元

××年		凭证号数	摘要	借方			贷方
月	日			买价	运杂费	合计	
12	2	1	向西安工厂购入 600 kg	58 800	1 200	60 000	
12	4	2	结转采购成本				60 000
12	25	5-1	向华东工厂购入 200 kg	19 600	400	20 000	
12	25	5-1	结转采购成本				20 000
12	31		本月合计	78 400	1 600	80 000	80 000

表 5—2　　物资采购明细分类账 2

物资名称：乙物资　　单位：元

××年		凭证号数	摘要	借方			贷方
月	日			买价	运杂费	合计	
12	8	3	向东华工厂购入 1 000 kg	168 000	2 000	170 000	
12	8	2	结转采购成本				170 000
12	25	5-1	向东华工厂购入 500 kg	84 000	1 000	85 000	
12	25	5-1	结转采购成本				85 000
12	31		本月合计	252 000	3 000	255 000	255 000

表 5—3　　物资采购成本计算表

××年 12 月 31 日　　单位：元

成本项目	甲物资		乙物资	
	总成本（800 kg）	单位成本	总成本（1 500 kg）	单位成本
买价	78 400	98	252 000	168
采购费用	1 600	2	3 000	2
采购成本	80 000	100	255 000	170

第二节 存货业务核算

凡在盘存日期法定所有权属于企业的物品，不论其存放在何处或处于何种状态，都是企业的存货。存货是企业的重要核算内容。

一、存货的分类及特性

1. 存货的分类

（1）按经济内容分类，存货可分为原材料、在产品、半成品、产成品、商品、包装物、低值易耗品、委托代销商品等。

（2）按存放地点分类，存货可分为库存存货、在途存货、加工中存货等。

（3）按取得来源分类，存货可分为购入的存货、自行加工的存货、接受捐赠的存货等。

2. 存货的特性

（1）有形性。无形的资产，如专利权、非专利技术、商标权、著作权、特许权和土地使用权等，均不能算作企业的存货，只能在无形资产账户下核算。

（2）以出售为目的。持有存货的最终目的是销售。企业只有将产品卖出去，才能取得一定的现金流入，维持企业的正常经营需要。用于销售是存货区别于固定资产的最基本特征。存货是企业的商品，是要对外出售的；不对外出售的东西一般为固定资产，当然还包括留存企业自用的产品。

（3）出售存货的成本能够可靠计量。

（4）存货存在潜在的盈利性。

（5）存货存在潜在的亏损性。

二、存货的确认与计量

1. 存货的确认

存货的确认条件：一是与该存货有关的经济利益很可能流入企业，二是该存货的成本能够可靠计量。存货的确认，除应确定在性质上是否属于存货外，还应确定是否属于企业的存货。通常以是否拥有所有权作为判断标准，凡所有权属于企业，不论企业是否已收到或持有，均应作为本企业的存货；反之，若无所有权，即使存放于企业，也不能作为本企业的存货。

2. 存货的初始计量

存货应当按照成本进行初始计量。存货成本包括采购成本、加工成本和其他成本。存货成本的计量因其来源不同而有所不同，具体按以下原则确定：

（1）购入的存货，其实际成本包括下列各项：

1）买价，指进货发票所注明的货款金额。

2）运输费、装卸费、保险费、包装费和仓储费等费用。

3）运输途中的合理损耗。

4）入库前的挑选整理费用。

5）按规定应计入成本的税费，如进口物资按规定支付的进口关税。

6）其他费用，如大宗物资的市内运杂费。

（2）自制的存货，如自制原材料、包装物、低值易耗品、在产品、半成品和产成品等，它们的实际成本包括制造过程中所耗用的原材料、工资和有关费用等实际支出。

（3）委托外单位加工完成的存货，如加工后的原材料、包装物、低值易耗品、半成品、产成品等，它们的实际成本应包括实际耗用的原材料、半成品、加工费、运输费、装卸费和保险费等费用以及按规定应计入成本的税金。

（4）投资者投入的存货，按照投资各方确认的价值作为实际成本。

（5）企业接受的债务人以非现金资产抵偿债务方式取得的存货，按照应收债权的账面价值减去可抵扣的增值税进项税额后的差额，加上应支付的相关税费，作为实际成本。

（6）以非货币性交易换入的存货，按换出资产的账面价值加上应支付的相关税费作为实际成本。

（7）盘盈的存货，按照同类或类似存货的市场价格作为实际成本。

3. 存货领用、发出的计量

企业主要采用实际成本法进行存货领用、发出的日常核算。

（1）实际成本法

实际成本法核算一般适用于规模较小、存货品种单一、采购业务量不多的企业（主要指未采用计算机处理日常核算业务的企业，下同）。企业会计制度规定，企业领用或发出存货，按照实际成本核算的，可以根据实际情况选择采用先进先出法、加权平均法、移动平均法、个别计价法等确定其实际成本。这几种方法都有其自身的特点，企业应根据具体情况选用。

1）先进先出法。这种方法是假定先购入的存货最先发出。在这种方法下，每次购入存货时，应按时间的先后顺序逐笔登记其数量、单价和金额；每次发出存货时，按照先购入存货的单价计算发出存货的实际成本。如果发出的存货属于最先购入的两批或三批，且单价不同，这时就要以两个或三个不同的单价计价。例如，表5—4为企业A存货明细账。

表5—4　存货明细账

存货类别：　存货编号：　计量单位：kg

存货名称及规格：A　最高存量：　最低存量：

日期	收入			发出			结存		
	数量	单位成本	总成本	数量	单位成本	总成本	数量	单位成本	总成本
3月1日							200	10	2 000
3月5日	400	10.50					200	10	2 000
							400	10.50	4 200
3月8日				200	10	2 000	200	10.50	2 100
				200	10.50	2 100			
3月20日	800	11	8 800				200	10.50	2 100
							800	11	8 800
3月25日				200	10.50	2 100	600	11	6 600
				200	11	2 200			
3月31日				400	11	4 400	200	11	2 200

2）加权平均法。这种方法是根据本期期初结存存货的数量和金额与本期收入存货的数量和金额，在期末一次计算本期存货的加权平均单价，从而计算本期发出存货和期末结存存货的成本。其计算公式如下：

$$加权平均单价=\frac{期初存货结存金额+本期收入存货金额}{期初存货结存数量+本期收入存货数量}$$

$$发出存货的成本=本期发出存货数量\times加权平均单价$$

$$期末存货的成本=本期期末存货数量\times加权平均单价$$

采用这种方法，只有在月末才能根据有关数字计算材料的平均单价并对发料凭证进行计价，因此，大量的计算工作都集中在月末进行，影响成本计算工作的及时性，而且平时从材料明细账内看不出材料的结存成本，不利于材料的日常管理工作。但是其优点是减少了计价的工作量。例如，表 5—5 为某企业 A 存货明细账。

表 5—5　　存货明细账

存货类别：　　存货编号：　　计量单位：kg

存货名称及规格：A　　最高存量：　　最低存量：

日期	收入			发出			结存		
	数量	单位成本	总成本	数量	单位成本	总成本	数量	单位成本	总成本
3月1日							200	10	2 000
3月5日	400	10.50	4 200				600		
3月8日				400			200		
3月20日	800	11	8 800				1 000		
3月25日				400			600		
3月31日				400			200		

$$该存货平均单位成本=\frac{2\,000+4\,200+8\,800}{200+400+800}=10.71$$

$$本月发出存货成本=1\,200\times10.71=12\,852（元）$$

$$本月结存存货成本=200\times10.71=2\,142（元）$$

3）移动平均法。这种方法是以上次结存存货的平均单价作为本次发出存货的单价，其计算公式如下：

$$移动平均单价=\frac{以前结存存货的实际成本+本批收入存货的实际成本}{以前结存存货的数量+本批收入存货的数量}$$

发出存货的成本 = 本次发出存货数量 × 移动平均单价

期末存货的成本 = 期末结存存货数量 × 移动平均单价

采用这种方法，每购进一批存货，就要重新计算一次单价，每领一次存货，都要按上次结存存货的平均单价作为本次发出存货的单价，因而存货的计价工作量较大，不过它的优点是存货计价工作可以分散进行。例如，表 5—6 为某企业 A 存货明细账。

表 5—6 存货明细账

存货类别: 存货编号: 计量单位：kg

存货名称及规格：A 最高存量: 最低存量:

日期	收入			发出			结存		
	数量	单位成本	总成本	数量	单位成本	总成本	数量	单位成本	总成本
3 月 1 日							200	10	2 000
3 月 5 日	400	10.50	4 200				600	10.33	6 198
3 月 8 日				400	10.33	4 132	200	10.33	2 066
3 月 20 日	800	11	8 800				1 000	10.87	10 870
3 月 25 日				400	10.87	4 348	600	10.87	6 522
3 月 31 日				400	10.87	4 348	200	10.87	2 174

另外，商品流通企业还可使用毛利率法、销售金额核算法确定发出存货的实际成本。

（2）毛利率法

本期销售净额 = 本期商品销售收入 − 本期销售退回与折让

上期毛利率 =（上期销售毛利 ÷ 上期销售净额）× 100%

本期销售毛利 = 本期销售净额 × 上期毛利率

本期销售成本 = 本期销售净额 − 本期销售毛利

期末存货成本 = 期初存货成本 + 本期购货成本 − 本期销售成本

【例 5−6】大鹏公司下属某商场 4 月初服装存货 60 000 元，该月购货 680 000 元，销货 708 000 元，销售退回与折让合计 8 000 元，上季度该类商品毛利率为 30%，计算本月已销存货和月末存货的成本。

本期销售净额 =708 000−8 000=700 000（元）

本月销售毛利 =700 000×30%=210 000（元）

本月销售成本 =700 000−210 000=490 000（元）

月末存货成本 =60 000+680 000−490 000=250 000（元）

销售成本 = 销售净额 ×（1− 毛利率）=700 000×（1−30%）=490 000（元）

用毛利率法计算本期销售成本和期末存货成本在商业企业中较为常见，特别是商业批发企业。若按每种商品计算并结转销售成本，则工作量较为繁重，而且商业企业的同类商品毛利率大致相同，因此采用这种方法也比较接近实际。

（3）销售金额核算法

采用销售金额核算法进行存货的日常核算时，平时商品的购进、储存、销售均按售价记账，售价与进价的差额通过“商品进销差价”账户核算，期末计算进销差价率并调整本期销售成本，计算期末结存存货的实际成本。该方法主要适用于商品零售企业。计算公式如下：

$$进销差价率=\frac{期初库存商品进销差价+本期购入商品进销差价}{期初库存商品售价+本期购入商品售价}$$

本期销售商品成本 = 本期销售收入 ×（1− 进销差价率）

期末结存商品成本 = 期初库存商品进价成本 + 本期购进商品进价成本 − 本期销售商品成本

【例 5−7】某商场 5 月期初商品成本为 80 000 元，售价金额为 120 000 元，本期购货成本为 500 000 元，售价金额为 700 000 元，本期销售收入为 780 000 元。计算本月销货成本和期末存货成本。

进销差价率 =（40 000+200 000）÷（120 000+700 000）=30%

本期销售商品成本 =780 000×（1−30%）=546 000（元）

期末结存商品成本 =80 000+500 000−546 000=34 000（元）

存货日常核算采用何种方法，由企业根据实际情况自行确定，但要遵守前后一致的原则。

4. 期末存货的计价

（1）成本与可变现净值孰低法

所谓成本与可变现净值孰低法，是指对期末存货按照成本与可变现净值两者中较低者计价的方法，即当成本低于可变现净值时，存货按成本计价；当可变现净值低于成本时，存货按可变现净值计价。这里所讲的成本是指存货的历史成本。可变现净值是指企业在正常经营过程中，以预计售价减去预计完工成本及销售所必需的预计费用后的价值，并不是指存货的现行售价。

（2）存货采用成本与可变现净值孰低法计价时的账务处理

期末存货采用成本与可变现净值孰低法计价时，如果成本低于可变现净值，则不计提跌价准备；如果可变现净值低于成本，应将成本降低至可变现净值。期末通过比较存货的成本与可变现净值，计算出应计提的存货跌价准备，然后与“存货跌价准备”账户的余额进行比较，如果应提数大于已提数，应予补提，如果已提数大于应提数，则应予冲销部分多提数。提取存货跌价准备时，借记“管理费用——计提的存货跌价准备”账户，贷记“存货跌价准备”账户。冲回时作相反的分录。

【例5-8】某公司12月31日有甲类存货A、B与乙类存货C、D四种存货，各种存货分别按三种计算方式确定的期末存货成本见表5—7。

表5—7　　成本与可变现净值孰低法的具体应用

项目	数量	成本		市价		单项分类法	分类比较法	综合比较法
		单价	总额	单价	总额			
甲类存货								
A	200	10	2 000	8	1 600	1 600		
B	100	15	1 500	16	1 600	1 500		
合计			3 500		3 200		3 200	
乙类存货								
C	300	10	3 000	11	3 300	3 000		
D	200	18	3 600	17	3 400	3 400		
合计			6 600		6 700		6 600	
总计			10 100		9 900	9 500	9 800	9 900

【例5-9】以【例5-8】为例，该公司于12月31日对库存存货成本与可变现净值计价后，应编制如下会计分录：

（1）直接转销法

1）单项比较法

借：存货跌价损失　　600

贷：存货——A　　　　　　　　　　400

　　存货——B　　　　　　　　　　200

2）分类比较法

借：存货跌价损失　　　　　　　　300

　　贷：存货——甲类存货　　　　　　　300

3）综合比较法

借：存货跌价损失　　　　　　　　200

　　贷：存货　　　　　　　　　　　　200

（2）备抵法

1）单项比较法

借：管理费用——计提的存货跌价准备　　　　600

　　贷：存货跌价准备　　　　　　　　　　　600

2）分类比较法

借：管理费用——计提的存货跌价准备　　　　300

　　贷：存货跌价准备　　　　　　　　　　　300

3）综合比较法

借：管理费用——计提的存货跌价准备　　　　200

　　贷：存货跌价准备　　　　　　　　　　　200

【例 5-10】仍以【例 5-8】为例，如果该公司用分类比较法计算存货跌价损失并按备抵法进行账务处理，12 月 31 日公司的存货账面余额为 12 000 元，其中甲类存货为 5 500 元，乙类存货为 6 500 元；可变现净值的合计数为 11 500 元，其中甲类存货为 4 800 元，乙类存货为 6 700 元。则 12 月 31 日应补提的存货跌价准备 =700-300=400（元），应编制会计分录如下：

借：管理费用——计提的存货跌价准备　　　　400

　　贷：存货跌价准备　　　　　　　　　　　400

三、存货管理

存货管理就是对企业存货进行的信息管理和在此基础上的决策分析。通过存货管理最终对存货进行有效控制，达到提高经济效益的目的。

1. 存货储存的方法

（1）定位储存

定位储存是指每一种商品都有固定的储位，商品在储位时不可互相窜位。采用这一储存方法时，必须注意每一项货物的储位容量必须大于其可能的最大在库量。

（2）随机储存

随机储存是根据库存货物及储位使用情况，随机安排和使用储位，各种商品的储位是随机产生的。

（3）分类储存

分类储存是指所有货物按一定特性加以分类，每一类货物固定其储存位置，同类货物不同品种又按一定的规则来安排储位。

（4）分类随机储存

分类随机储存是指每一类商品有固定的存放储区，但各储区内每个储位的指定是随机的。

（5）共同储存

共同储存是指在已确切知道各种货物的出库时间时，使不同货物可公用相同的储位。

2. 存货的清查与盘存

企业会计制度规定：存货应当定期清查和盘存，每年至少盘存一次。盘存结果如果与账面记录不符，应于期末前查明原因，并根据企业的管理权限，经股东大会、董事会、经理（厂长）会议或类似机构批准后，在期末结账前处理完毕。

企业为了核算、清查盘存中出现的盘盈、盘亏及损毁等情况，应设置“待处理财产损溢”账户，并在其账户下设置“待处理流动资产损溢”二级账户。该账户的借方反映存货的盘亏和损毁数及经过批准后结转的盘盈数，贷方反映存货的盘盈数及经过批准转销的盘亏数，期末处理后本账户应无余额。

存货清查、盘存的账务处理程序分为以下两个步骤：

第一步，在报经有关部门处理前，根据“存货盘点报告表”，将盘盈、盘亏或损毁的存货先作待处理财产损溢处理，同时按盘盈、盘亏或损毁存货的实际成本调整存货的账面价值，使存货账实相符。第二步，报经有关部门批准后，根据存货盘盈、盘亏或损毁的不同原因和处理结果，将待处理财产损溢分别转到不同的账户中进行核算。

【例 5-11】某公司年末对库存存货进行清查盘存，发现 B 材料盘盈 1 000 元，经查属于平时计量方面的差错所造成。编制会计分录如下：

借：原材料——B 材料　　1 000

　　贷：待处理财产损溢——待处理流动资产损溢　　1 000

报经有关部门批准，冲减管理费用：

借：待处理财产损溢——待处理流动资产损溢　　1 000

　　贷：管理费用　　1 000

【例 5-12】某公司 6 月末进行了一次存货清查、盘存，盘亏 C 材料 3 000 元。

（1）在批准前，根据“存货盘点报告表”所确定的材料盘亏数额，编制会计分录如下：

借：待处理财产损溢——待处理流动资产损溢　　3 000

　　贷：原材料　　3 000

（2）上述盘亏材料经批准，编制会计分录如下：

1）盘亏及损毁的 C 材料中有 1 000 元属于自然灾害造成的非正常损失。

借：营业外支出　　1 000

　　贷：待处理财产损溢——待处理流动资产损溢　　1 000

2）盘亏及损毁的 C 材料中属于责任者个人赔偿的有 800 元。

借：其他应收款　　800

　　贷：待处理财产损溢——待处理流动资产损溢　　800

3）盘亏及损毁的 C 材料中属于管理不善造成的有 1 200 元。

借：管理费用　　1 200

　　贷：待处理财产损溢——待处理流动资产损溢　　1 200

第三节 销售业务核算

销售过程是指企业销售产品实现产品价值、收回货款的过程。这一过程的主要经济业务包括：进行产品销售，实现主营业务收入，取得销售货款或收取货款的权利；支付销售费用，如运杂费、包装费、广告宣传费等；按照国家税法规定的税率，计算应交的产品销售税费及附加；确认并结转已售产品的成本等。

一、工业企业销售业务核算

工业企业经营的资金运作包括三个阶段和三个过程，其中三个阶段为资金的投入阶段、资金的使用阶段和资金的退出阶段，三个过程为供应过程、生产过程和销售过程。资金的退出是通过销售过程实现销售收入后才完成的。因此，产品、商品的销售是企业非常重要的环节。

1. 销售收入的概念

收入是指企业在日常活动中形成的，会导致所有者权益增加，与所有者投入资本无关的经济利益的总流入。企业在经营活动中由于销售产品所取得的收入叫作主营业务收入。企业销售各种材料、对外提供非工业性劳务而取得的收入，叫作其他业务收入。如企业处置固定资产、无形资产等活动不是企业为完成其经营目标所从事的经常性活动，其产生的经济利益的总流入不能计为主营业务收入，应确认为营业外收入。企业销售收入的确认必须遵守权责发生制原则和实质重于形式的原则。

2. 销售收入的确认

合理地确认销售收入是销售收入业务核算的关键。收入的确认实际上是指收入在何时入账，并在利润表上反映出来。销售收入的确认按会计制度规定，必须同时符合以下四个条件：

（1）企业已将商品所有权上的主要风险和报酬转移给购货方。

（2）企业既没有保留通常与所有权相联系的继续管理权，也没有对已售出的商品实施控制。

（3）与交易相关的经济利益能够流入企业。

（4）相关的收入和成本能够可靠地计量。

企业发生的销售退回、销售折让和销售折扣应冲减当期的销售收入。

3. 销售活动中主要经济业务的核算

【例 5-13】12 月 17 日，甲公司售给东风工厂 A 产品 650 件，每件售价 200 元，货款 130 000 元，应交增值税税额 16 900 元，款项已存至银行。

这项经济业务的发生，引起资产、负债和收入三个要素发生变化。企业因销售产品使销售收入和应交增值税及银行存款同时增加，应记入“主营业务收入”“应交税费”账户贷方和“银行存款”账户借方。编制会计分录如下：

借：银行存款　　146 900

　　贷：主营业务收入　　130 000

　　　　应交税费——应交增值税（销项税额）　　16 900

【例 5-14】12 月 18 日，甲公司以银行存款支付产品广告费 3 268 元。

这项经济业务的发生，引起资产和费用两个要素发生变化。以银行存款支付广告费，使银行存款减少，而销售费用增加，应记入“销售费用”账户借方和“银行存款”账户贷方。编制会计分录如下：

借：销售费用　　3 268

　　贷：银行存款　　3 268

【例 5-15】12 月 19 日，甲公司售给红旗工厂 A 产品 370 件，每件售价 200 元，货款 74 000 元，应交增值税税额 9 620 元；B 产品 80 件，每件售价 210 元，货款 16 800 元，应交增值税税额 2 184 元，当即收到 86 580 元已承兑的银行汇票一张，其余货款未收到。

这项经济业务的发生，引起资产、负债和收入三个要素发生变化。企业因销售产品引起主营业务收入、应交税费、应收票据、应收账款同时增加，应记入“应收票据”“应收账款”账户借方和“主营业务收入”“应交税费”账户贷方。编制会计分录如下：

借：应收票据　86 580

　　应收账款——红旗工厂　16 024

　　贷：主营业务收入　90 800

　　　　应交税费——应交增值税（销项税额）　11 804

【例 5-16】12 月 21 日，甲公司销售甲材料 500 kg，9 元/kg，计货款 4 500 元，应交增值税税额 585 元，款项已存至银行。

这项经济业务的发生，引起资产、负债和收入三个要素发生变化。销售材料使应交税费、其他业务收入和银行存款同时增加，应记入“其他业务收入”“应交税费”账户贷方和“银行存款”账户借方。编制会计分录如下：

借：银行存款　5 085

　　贷：其他业务收入　4 500

　　　　应交税费——应交增值税（销项税额）　585

【例 5-17】12 月 25 日，甲公司收到红旗工厂所欠货款 16 024 元，存入银行。

这项经济业务的发生，引起资产要素此增彼减。红旗工厂归还欠款使应收账款减少和银行存款增加，应记入“银行存款”账户借方和“应收账款”账户贷方。编制会计分录如下：

借：银行存款　16 024

　　贷：应收账款——红旗工厂　16 024

【例 5-18】12 月 29 日，甲公司结转本月销售甲材料成本 3 500 元。

这项经济业务的发生，引起资产和费用两个要素发生变化。已销材料的成本应从“原材料”账户转入“其他业务支出”账户，记入“其他业务支出”账户借方和“原材料”账户贷方。编制会计分录如下：

借：其他业务支出　3 500

　　贷：原材料——甲材料　3 500

【例 5-19】12 月 31 日，甲公司按规定计算结转本月应缴纳的城市维护建设税 11 040 元及教育费附加 1 560 元。

这项经济业务的发生，引起负债和费用两个要素发生变化。企业按主营业务收入计算的税金，应记入“税金及附加”账户借方和“应交税费”账户贷方。编制会计分录如下：

借：税金及附加　　12 600

　贷：应交税费——城市维护建设税　　11 040

　　　　　　——教育费附加　　1 560

4. 销售成本的计算与结转

企业的销售收入实现以后，为了正确计算销售利润，必须按月计算主营业务成本。主营业务成本是指已销售产品的制造成本。其计算公式为：

主营业务成本 = 已销产品数量 × 单位制造成本

上式中已销产品数量根据生产成品明细账计算所得。下面举例说明：

【例 5-20】12 月 31 日，甲公司计算结转本月已售产品的销售成本。已知 A 产品单位制造成本为 161 元，B 产品单位制造成本为 157 元，从前面经济业务可知，A 产品本月共销售 1 020 件，B 产品销售 80 件，计算主营业务成本如下：

主营业务成本 =1 020×161+80×157=176 780（元）

根据以上计算结果，结转产品销售成本，编制会计分录如下：

借：主营业务成本　　176 780

　贷：库存商品　　176 780

在实际工作中，企业可根据具体情况选择“先进先出去”“加权平均法”等方法，计算确定已销产品的实际成本。

【例 5-13】至【例 5-20】的总分类核算如图 5—1 所示。

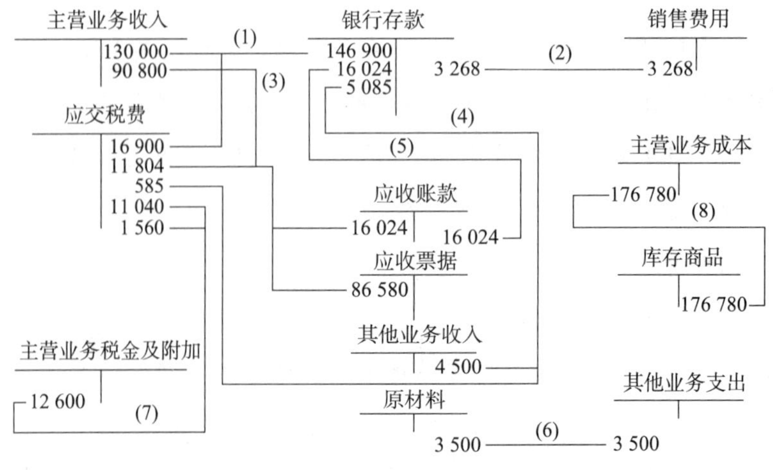

图 5—1　总分类核算

二、商业企业销售业务核算

商业企业的商品销售业务一般按营业柜组或分店组织进行。商品销售的业务程序，根据企业的规模、经营商品的特点以及经营管理的需要而有所不同。

1. 销售业务的核算

（1）综合差价率推算法

零售企业商品销售业务通过“主营业务收入”和“主营业务成本”账户进行核算。为了简化核算手续，平时在“主营业务收入”账户中反映含税的销售收入，期末再将其调整为真正的商品销售额，即不含税的销售额。由于零售企业库存商品是按售价反映的，因此，转销库存商品的金额同反映商品销售收入增加的金额是一致的。而商品进价与售价之间的差价，在“商品进销差价”账户内反映。因此，当已销商品按售价从“库存商品”账户内转销时，从理论上讲，应该同时将这部分已销商品的进销差价也从“商品进销差价”账户内转销，将已销商品的成本调整为进价，即在“主营业务成本”账户内用进价反映。但是，计算已销商品进销差价的工作量很大，因此，在实际工作中，平时把已销商品按售价转入“主营业务成本”账户，月末一次计算出当月已销商品的进销差价，再加上“受托代销商品”账户余额与本期商品销售收入之和，计算出本期商品的综合差价率，再乘以本期商品销售收入，计算出已销商品的进销差价。计算公式如下：

综合差价率 = 结转前商品进销差价账户余额 ÷（期末库存商品账户余额 + 期末受托代销商品账户余额 + 本期商品销售收入）× 100%

本期已销商品进销差价 = 本期商品销售收入 × 综合差价率

【例 5-21】12 月 31 日汉江商厦有关账户的资料如下：

结转前商品进销差价账户余额 198 608 元；

库存商品账户余额 338 800 元；

受托代销商品账户余额 56 000 元；

主营业务收入账户余额 396 200 元。

用综合差价率推算法计算并结转已销商品进销差价：

综合差价率 =198 608 ÷（338 800+56 000+396 200）× 100%=25.11%

本期已销商品进销差价 =396 200 × 25.11%=99 485.82（元）

根据计算的结果，编制会计分录如下：

借：商品进销差价　　99 485.82

　　贷：主营业务成本　　99 485.82

（2）分柜组差价率推算法

分柜组差价率推算法是按各营业柜组或门市部商品的存销比例，推算本期销售商品应摊进销差价的一种方法。这种方法要求按营业柜组分别进行计算，其计算方法与综合差价率推算法相同，财务部门可编制“已销商品进销差价计算表”进行计算。

（3）实际进销差价计算法

实际进销差价计算法是先计算出期末商品的进销差价，进而计算已销商品进销差价的一种方法。这种方法的具体做法是：期末由各营业柜组或门市部通过商品盘点，编制“库存商品盘存表”和“受托代销商品盘存表”，根据各种商品的实存数量，分别乘以销售单价和购进单价，计算出期末库存商品的售价金额和进价金额及期末受托代销商品的售价金额和进价金额。“库存商品盘存表”和“受托代销商品盘存表”一式数联，其中一联送交财务部门，复核无误后，编制“商品盘存汇总表”。期末库存商品进销差价、已销商品进销差价的计算公式如下：

期末库存商品进销差价 = 期末库存商品售价金额 − 期末库存商品进价金额 + 期末受托代销商品售价金额 − 期末受托代销商品进价金额

已销商品进销差价 = 结账前进销差价账户余额 − 期末库存商品进销差价

以上三种方法的运用范围及优缺点见表 5—8。

表 5—8　　商品销售业务核算方法的对比

项目	综合差价率推算法	分柜组差价率推算法	实际进销差价计算法
运用范围	适用于所经营商品的差价率较为均衡的企业，或规模小、分柜计算差价率确有困难的企业	适用于经营柜组间差价率不太均衡的企业，或需要分柜组核算其经营成果的企业	适用于经营商品品种较少的企业，或在企业需要反映其期末库存商品实际价值时采用
优缺点	计算与核算的手续较为简便，但计算的结果不够准确	计算较为简便，计算的结果较为准确，但与实际相比较仍有一定的偏差	计算的结果最为准确，但计算工作量较大

在实际工作中，为了做到既简化计算手续，又准确计算已销商品进销差价，商业企业往往在平时采取分柜组差价率推算法，到年末采用实际进销差价计算

法，以保证整个会计年度核算资料的准确性。

2. 商品销售收入的调整

由于零售企业平时在“主营业务收入”账户中反映的是含税收入，因此至月末就需要进行调整，将含税收入中的销项税额分离出来，使“主营业务收入”账户反映企业真正的销售额。含税收入的调整公式如下：

销售额 = 含税收入 ÷（1+ 增值税税率）

销项税额 = 含税收入 − 销售额

【例 5−22】汉江商厦月末“主营业务收入”账户余额为 339 000 元，增值税税率为 13%，调整主营业务收入，计算如下：

销售额 =339 000÷（1+13%）=300 000（元）

销项税额 =339 000−300 000=39 000（元）

根据计算的结果，编制会计分录如下：

借：主营业务收入　　39 000

　　贷：应交税费——应交增值税（销项税额）　　39 000

采取分柜组核算库存商品的企业，对于商品销售收入也要分柜组进行调整。

3. 商业折扣与现金折扣的处理

总体来讲，确定销售商品收入的金额时，不应考虑预计可能发生的现金折扣、销售折让，即应按总价确认，但应是扣除商业折扣后的净额。

【例 5−23】甲公司为增值税一般纳税人企业，5 月 1 日销售 A 商品 10 000 件，每件商品的标价为 20 元（不含增值税），每件商品的实际成本为 12 元，A 商品适用的增值税税率为 13%。由于是成批销售，甲公司给予购货方 10% 的商业折扣，并在销售合同中规定现金折扣的条件为“2/10，1/20，n/30”。A 商品于 5 月 1 日发出，符合销售实现条件，购货方于 5 月 9 日付款。假定计算现金折扣时考虑增值税。

（1）5 月 1 日销售实现时，编制会计分录如下：

借：应收账款　　203 400

　　贷：主营业务收入　　180 000

　　　　应交税费——应交增值税（销项税额）　　23 400

借：主营业务成本　　120 000

　　贷：库存商品　　120 000

注：收入已扣除商业折扣，但未扣除现金折扣。

（2）5 月 9 日收到货款时，编制会计分录如下：

借：银行存款　　199 332

　　财务费用　　4 068（应收账款 ×2%）

　　贷：应收账款　　203 400

注：现金折扣实际上是企业为了尽快回笼资金而发生的财务费用，应在实际发生时计入当期财务费用。

（3）若购货方于 5 月底才付款，则应按全额付款，编制会计分录如下：

借：银行存款　　203 400

　　贷：应收账款　　203 400

4. 销售折让

销售折让如发生在确认销售收入之前，则应在确认销售收入时直接按扣除销售折让后的金额确认；已确认销售收入的售出商品发生销售折让，且不属于资产负债表日后事项的，应在发生时冲减当期销售商品收入，如按规定允许扣减增值税税额的，还应冲减已确认的应交增值税销项税额。

【例 5-24】甲公司销售一批商品给乙公司，开出的增值税专用发票上注明的售价为 100 000 元，增值税税额为 13 000 元。该批商品的成本为 70 000 元。货到后乙公司发现商品质量不符合合同要求，要求在价格上给予 5% 的折让。乙公司提出的销售折让要求符合原合同的约定，甲公司同意并办妥了相关手续，开具了增值税专用发票（红字）。假定此前甲公司已确认该批商品的销售收入，销售款项尚未收到，发生的销售折让允许扣减当期增值税销项税额。甲公司账务处理如下：

（1）销售实现时，编制会计分录如下：

借：应收账款　　113 000

　　贷：主营业务收入　　100 000

　　　　应交税费——应交增值税（销项税额）　　13 000

借：主营业务成本　　70 000

　　贷：库存商品　　70 000

（2）发生销售折让时，编制会计分录如下：

借：主营业务收入　　5 000（100 000×5%）

应交税费——应交增值税（销项税额） 650

贷：应收账款 5 650

（3）实际收到款项时，编制会计分录如下：

借：银行存款 107 350

贷：应收账款 107 350

【例 5-25】按【例 5-24】，假定发生销售折让前，因该项销售在货款收回上存在不确定性，甲公司未确认该批商品的销售收入，纳税义务也未发生；发生销售折让后 2 个月，乙公司承诺近期付款。则甲公司账务处理如下：

（1）发出商品时，编制会计分录如下：

借：发出商品 70 000

贷：库存商品 70 000

（2）乙公司承诺付款，甲公司确认销售时，编制会计分录如下：

借：应收账款 107 350

贷：主营业务收入 95 000（100 000−100 000×5%）

应交税费——应交增值税（销项税额） 12 350

借：主营业务成本 70 000

贷：发出商品 70 000

（3）实际收到款项时，编制会计分录如下：

借：银行存款 107 350

贷：应收账款 107 350

第六章　收入、费用和利润

学习目标

1. 熟悉收入的特征和分类，明确收入的确认和计量，掌握收入、投资收益的核算方法。

2. 明确费用的概念，掌握期间费用、税金及附加、所得税等的计算和账务处理方法。

3. 掌握利润的计算和基本账务处理方法。

企业进行经营活动的目的是获取利润。本章将介绍收入、费用的核算，并对利润的组成、计算及相关知识进行阐述。

第一节　收入

关于收入业务的核算及收入的确认和计量已在前章进行了讲述，本章只对收入的特征和分类、分期收款销售和代销商品等作进一步的讲解。

一、收入的基本特征

1. 收入的来源应是企业日常的经营活动，而不是偶发的交易或事项。我国会计准则将收入的来源归纳为“企业在销售商品、提供劳务及他人使用本企业资产等日常活动中形成的经济利益”。

2. 收入表现为:（1）企业资产的增加，如增加银行存款、应收账款等;（2）企业负债的减少，如以商品或劳务抵偿债务;（3）企业资产增加，同时企业负债减少。

3. 收入将导致企业所有者权益的增加。由于收入表现为资产的增加、负债的减少或两者兼而有之，因此，根据“资产 = 负债 + 所有者权益”的公式，企业取得收入一般能够增加所有者权益。

4. 收入只包括本企业经济利益的流入，不包括为第三方或客户代收的款项，如增值税等。代收的款项，一方面增加企业的资产，另一方面增加企业的负债，因此不能增加企业的所有者权益，也不属于本企业的经济利益，不能作为本企业的收入。

二、收入的分类及账务处理

按性质分类，收入可分为主营业务收入、劳务收入和提供他人使用本企业资产而取得的收入等。按照企业经营业务的主次分类，收入可分为主营业务收入和其他业务收入。

关于收入的账务处理已在上一章中列举，这里只对“分期收款销售”和“代销商品”作讲解。

1. 分期收款销售

分期收款销售是指商品已经交付，但货款分期收回的一种销售方式。在采用分期收款销售方式的情况下，企业应设置“分期收款发出商品”账户。当商品发出时，按商品的实际成本，借记“分期收款发出商品”账户，贷记“库存商品”账户。企业应在合同约定的收款日期内确认收入，借记“银行存款”“应收账款”“应收票据”等账户，贷记“主营业务收入”“应交税费——应交增值税（销项税额）”账户。在每期销售收入实现时，应按每期已收或应收的货款金额与全部销售收入的比率，计算出本期应结转的销售成本，借记“主营业务成本”账户，贷记“分期收款发出商品”账户。

【例 6-1】某公司为增值税一般纳税人企业，适用的增值税税率为 13%。该公司 2019 年 4 月 8 日采用分期收款销售方式销售一台大型设备，全部价款 300 000 元（不含增值税），分 3 年等额收款，该设备的成本为 240 000 元。

（1）发出该设备时，编制会计分录如下：

借：分期收款发出商品 240 000

　贷：库存商品 240 000

（2）每年 4 月 8 日交付设备价款时，编制会计分录如下：

借：银行存款 113 000

　贷：主营业务收入 100 000

　　应交税费——应交增值税（销项税额） 13 000

同时，相应地结转每期成本 80 000 元。各期均应编制会计分录如下：

借：主营业务成本 80 000

　贷：分期收款发出商品 80 000

如果在合同约定日期内顾客没有交付货款或者未交足货款，企业应借记“应收账款”账户，贷记相关账户。

2. 代销商品

代销商品通常有两种方式：视同买断和一般代销（收取手续费的销售）。

（1）视同买断

视同买断是指由委托方和受托方签订协议，委托方按协议价收取所代销的货款，实际售价可由受托方自定，实际售价与协议价之间的差额归受托方所有的销售方式。由于这种销售本质上仍是代销，委托方将商品交付给受托方时，商品所有权上的主要风险和报酬并未转移给受托方，因此委托方在交付商品时不确认收入，受托方也不做购进商品处理。受托方将商品销售后，应按实际售价确认销售收入，并向委托方开具清单。委托方收到代销清单时，再确认本企业的销售收入。

（2）一般代销

一般代销是指受托方根据所代销的商品数量向委托方收取手续费的销售方式。受托方收取的手续费属于劳务收入。收取手续费的一般代销方式与视同买断代销方式相比，主要特点是：受托方通常应按照委托方规定的价格销售，不得自行改变售价。在这种代销方式下，委托方应在收到受托方交付的商品代销清单时确认销售收入，受托方则按应收取的手续费确认收入。

企业委托其他单位代销商品时，发出代销商品不作为收入的实现，应按发出商品的实际成本，借记“委托代销商品”账户，贷记“库存商品”账户；在收到代销单位的代销清单时确认收入，借记“应收账款”等账户，贷记“主营业务收入”“应交税费——应交增值税（销项税额）”等账户，同时将代销商品的实际成本借记“主营业务成本”账户，贷记“委托代销商品”账户。如果是采取一般代销方式，则委托方还应在收到代销清单时根据应付的手续费，借记“销售费用”账户，贷记“应收账款”账户。

【例 6–2】中商公司委托某商场代销 B 商品 1 000 件，单位售价 100 元（不含增值税），单位成本 70 元，增值税税率 13%，于 10 月 8 日发出该批商品。次月 1 日收到该商场转来的代销清单，上述商品全部售出，共支付手续费 10 000 元。

（1）发出该批商品时，编制会计分录如下：

借：委托代销商品——B 商品　　　　　　　　　　70 000

贷：库存商品——B 商品 70 000

（2）次月 1 日收到代销清单时，编制会计分录如下：

借：应收账款——某商场 113 000

贷：主营业务收入 100 000

应交税费——应交增值税（销项税额） 13 000

借：主营业务成本——B 商品 70 000

贷：委托代销商品——B 商品 70 000

借：销售费用 10 000

贷：应收账款——某商场 10 000

（3）收到该商场汇来的货款净额 103 000 元时，编制会计分录如下：

借：银行存款 103 000

贷：应收账款——某商场 103 000

三、投资收益的核算

1. 投资收益的概念

投资收益是指企业确认的对外投资取得的收益或发生的损失。当企业对外投资时，从被投资方分得利润或股利可为企业获得投资收益；当处置对外投资收回小于实际投资数时，即为企业发生的投资损失。投资收益包括企业购买债券的利息收入、购买股票的股利收入以及以其他投资方式获得的收入或发生的损失。

为进行投资收益的核算，应设置“投资收益”“应收股利”等账户。

“投资收益”账户核算的内容具有双重性，既有收益，也有损失。投资收益业务总分类核算的账户设置及有关账户之间的对应关系如图 6—1 所示。关于“投资收益”的期末结转将在本章“利润”一节中讲述。

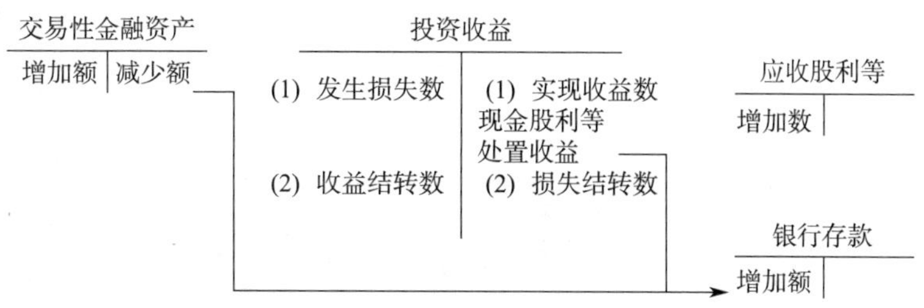

图 6—1 投资收益总分类核算的账户设置及对应关系

2. 投资收益账务处理

【例 6-3】现假定中商公司所投资的单位宣告分配本年现金股利，其中本公司应得 20 000 元，暂未收到。编制会计分录如下：

借：应收股利　　20 000

　　贷：投资收益　　20 000

【例 6-4】中商公司购入面值 500 000 元、期限 5 年、年利率 4%、到期一次还本付息的 A 公司债券，按年结账时，每年应计利息为：500 000×4%=20 000（元）。编制会计分录如下：

借：长期股权投资——债券投资（应计利息）　　20 000

　　贷：投资收益　　20 000

第二节　费用

费用是指企业在日常活动中发生的、会导致所有者权益减少的、与向所有者分配利润无关的经济利益的总流出。企业为生产产品和提供劳务等发生的直接材料费用、直接人工费用、制造费用、商品进价和其他直接费用，直接计入生产经营成本；企业为生产产品和提供劳务而发生的各项间接费用，应当按一定标准分配计入生产经营成本。企业管理部门为组织和管理生产经营活动而发生的管理费用和财务费用，为销售和提供劳务而发生的进货费用、销售费用等，应当作为期间费用直接计入当期损益。本章所讲“费用”主要是期间费用、税金及附加等。

一、销售费用的核算

1. 销售费用的概念

销售费用是指企业在销售产品、自制半成品和提供劳务等日常经营过程中发生的各项费用，以及专设销售机构的各项经费，包括由企业负担的包装费、运输费、广告费、装卸费、保险费、委托代销手续费、展览费、租赁费（不含融资租赁费）和销售服务费、销售机构人员工资、职工福利费、差旅费、办公费、折旧费、修理费、物资消耗、低值易耗品摊销以及其他经费等。

2. 销售费用的账务处理

（1）企业在销售商品过程中发生的包装费、保险费、展览费和广告费、运输费、装卸费等费用，编制会计分录如下：

借：销售费用

　　贷：银行存款 / 库存现金等

（2）企业为销售本企业商品而专设的销售机构的职工薪酬、业务费等经营费用，编制会计分录如下：

借：销售费用

　　贷：应付职工薪酬 / 银行存款 / 累计折旧等

（3）期末结转时应将“销售费用”账户余额转入“本年利润”账户，结转后“销售费用”账户应无余额。

借：本年利润

　　贷：销售费用

【例 6-5】某公司 12 月在产品销售过程中发生销售费用共计 7 000 元，其中：以银行存款支付广告费 1 600 元、运输费 840 元，应负担的专设销售机构人员工资 4 000 元和福利费 560 元。编制会计分录如下：

借：销售费用	7 000	
贷：应付职工薪酬——工资		4 000
——应付福利费		560
银行存款		2 440

【例 6-6】上述公司本月发生销售费用 10 248 元，转入“本年利润”账户。编制会计分录如下：

借：本年利润	10 248	
贷：销售费用		10 248

二、管理费用的核算

1. 管理费用的概念

管理费用是指企业行政管理部门为组织和管理生产经营活动而发生的各种费用，包括管理人员工资和福利、公司经费、公司一级的折旧费、修理费、技术转让费、无形资产摊销、坏账损失、聘请中介机构费、工会经费、职工教育经费、业务招待费、印花税等相关税金、咨询费、诉讼费、开办费摊销、矿产资源补偿费、研究开发费、劳动保险费、待业保险费、消防费、绿化费、排污费、董事会会费以及其他管理费用。

2. 管理费用的账务处理

管理费用在会计核算上是作为期间费用核算的。企业发生的管理费用在“管理费用”账户核算，并在“管理费用”账户中按费用项目设置明细账，进行明细账核算。期末，“管理费用”账户的余额在结转“本年利润”账户后无余额。

【例 6-7】中商公司 1 月发生的经济业务和编制的会计分录如下：

（1）以现金支付业务招待费 800 元。

借：管理费用　　800
　　贷：库存现金　　800

（2）本月计提厂部的固定资产折旧费 3 500 元。

借：管理费用　　3 500
　　贷：累计折旧　　3 500

（3）根据本月工资分配计算，厂部行政管理人员工资为 8 000 元，提取职工福利费 1 120 元。

借：管理费用　　9 120
　　贷：应付职工薪酬——工资　　8 000
　　　　应付福利费　　1 120

（4）月终将本月发生的管理费用 13 420 元转入“本年利润”账户。

借：本年利润　　13 420
　　贷：管理费用　　13 420

三、财务费用的核算

1. 财务费用的概念

财务费用是指企业筹集生产经营所需资金而发生的费用，包括企业生产经营期间发生的利息支出（减利息收入）、汇兑净损失（有的企业如商品流通企业、保险企业进行单独核算，不包括在财务费用中）、金融机构手续费，以及筹资生产经营所需资金中发生的其他财务费用等。

2. 财务费用的账务处理

财务费用在会计核算中是作为期间费用来核算的。企业发生的财务费用在“财务费用”账户中核算，并在“财务费用”账户中按费用项目设置明细账，进行明细核算。期末，“财务费用”账户的余额在结转“本年利润”账户后无余额。

【例 6–8】中商公司 3 月发生的有关经济业务及编制的会计分录如下：

（1）预提本月负担的短期借款利息支出 3 000 元。

借：财务费用　　3 000

　　贷：预提费用　　3 000

（2）以银行存款支付金融机构手续费 900 元。

借：财务费用　　900

　　贷：银行存款　　900

（3）接到银行通知，银行转来储户利息 2 000 元。

借：银行存款　　2 000

　　贷：财务费用　　2 000

（4）月末将本月发生的财务费用 1 900 元转入“本年利润”账户。

借：本年利润　　1 900

　　贷：财务费用　　1 900

四、税金及附加的核算

1. 税金及附加的概念

税金及附加反映企业经营活动应负担的相关税费，包括消费税、城市维护建设税、教育费附加、资源税、房产税、城镇土地使用税、车船税、印花税等。

（1）消费税是对生产委托加工及进口应税消费品（主要指烟、酒、化妆品、高档次及高能耗的消费品）征收的一种税。消费税的计税方法主要有从价定率、从量定额，或者从价定率和从量定额复合计税。从价定率是根据商品销售价格和规定的税率计算应交消费税，从量定额是根据商品销售数量和规定的单位税额计算应交消费税，复合计税是两者的结合。

（2）城市维护建设税和教育费附加是对从事生产经营活动的单位和个人，以其实际缴纳的增值税、消费税为依据，按纳税人所在地适用的不同税率计算征收的一种税。

（3）资源税是对在我国境内从事资源开采的单位和个人征收的一种税。

（4）房产税以房屋为征税对象，按房屋的计税余值或出租房产取得的租金收入为计税依据，向产权所有人征收的一种财产税。我国房产税采用比例税率。其中，从价计征的，税率为 1.2%；从租计征的，税率为 12%。从 2001 年 1

月 1 日起，对个人按市场价格出租的居民住房，用于居住的，可暂减按 4% 的税率征收房产税。

（5）城镇土地使用税是以城市、县城、建制镇、工矿区范围内使用土地的单位和个人为纳税人，以其实际占用的土地面积和规定税额计算征收的一种税，其年应纳税额等于实际占用的土地面积乘以适用税额。

（6）车船税是对行驶于我国公共道路，航行于国内河流、湖泊或领海口岸的车船，按其种类实行定额征收的一种税。

（7）印花税是对经济活动和经济交往中书立、领受凭证征收的一种税。

2. 税金及附加的核算内容

企业应当设置“税金及附加”账户，核算企业经营活动发生的消费税、城市维护建设税、教育费附加、资源税、房产税、城镇土地使用税、车船税、印花税等相关税费。其中，按规定计算确定的与经营活动相关的消费税、城市维护建设税、资源税、教育费附加、房产税、城镇土地使用税、车船税等税费，企业应借记“税金及附加”账户，贷记“应交税费”账户。期末，应将“税金及附加”账户余额转入“本年利润”账户，结转后“税金及附加”账户无余额。企业缴纳的印花税不会发生应付未付税款的情况，不需要预计应纳税金额，同时也不存在与税务机关结算或者清算的问题。因此，企业缴纳的印花税不通过“应交税费”账户核算，而于购买印花税票时直接借记“税金及附加”账户，贷记“银行存款”账户。

3. 税金及附加的账务处理

“税金及附加”账务处理的基本方法步骤如下：

（1）先计提的账务处理

借：税金及附加

　　贷：应交税费——应交消费税、城市维护建设税、教育费附加、资源税、房产税、城镇土地使用税、车船税等

（2）缴纳时的账务处理

借：应交税费——应交消费税、城市维护建设税、教育费附加、资源税、房产税、城镇土地使用税、车船税等

　　贷：银行存款

期末将本账户余额转入“本年利润”账户，结转后本账户无余额。

【例 6–9】某企业所设销售机构某日对外零售应税消费品全部销售额为 45 200 元（含增值税），增值税税率为 13%，应交增值税 6 800 元；消费税税率为 10%，应交消费税 4 000 元；城市维护建设税税率为 7%，应交城市维护建设税 644 元［（5 200+4 000）×7%］；教育费附加征收率为 3%，应交教育费附加 276 元［（5 200+4 000）×3%］，销售收入已全部存入银行。

（1）实现销售收入，计算应交各种税费时，编制会计分录如下：

借：银行存款　　45 200
　　贷：主营业务收入　　40 000
　　　　应交税费——应交增值税（销项税额）　　5 200

借：税金及附加　　4 920
　　贷：应交税费——应交消费税　　4 000
　　　　　　　　——应交城市维护建设税　　644
　　　　　　　　——应交教育费附加　　276

（2）缴纳各项税费时，编制会计分录如下：

借：应交税费——应交消费税　　4 000
　　　　　　——应交城市维护建设税　　644
　　　　　　——应交教育费附加　　276
　　贷：银行存款　　4 920

（3）期末结转“税金及附加”时，编制会计分录如下：

借：本年利润　　4 920
　　贷：税金及附加　　4 920

五、所得税的核算

1. 所得税的概念及主要种类

所得税是以纳税人的所得为课税对象的各种税收的统称。税法规定的所得额，是指纳税人在一定时期内，由于生产、经营等取得的可用货币计量的收入，扣除为取得这些收入所需各种耗费后的净额。所得税又称所得课税、收益税，指国家对法人、自然人和其他经济组织在一定时期内的各种所得征收的一类税收，其主要种类有企业所得税和个人所得税。

2. 所得税的计算方法

（1）企业所得税计算方法

企业所得税是指对取得应税所得实行独立经济核算的境内企业或者组织，按其生产、经营的纯收益、所得额和其他所得额征收的一种税。

所得税 = 应纳税所得额 × 税率（25% 或 20%）

应纳税所得额 = 收入总额 - 不征税收入 - 免税收入 - 各种扣除 - 以前年度亏损

（2）个人所得税税率表（见表 6—1、表 6—2）及个人所得税计算方法

表 6—1　　个人所得税税率表（综合所得适用）

级数	全年应纳税所得额	税率（%）
1	不超过 36 000 元的部分	3
2	超过 36 000 元至 144 000 元的部分	10
3	超过 144 000 元至 300 000 元的部分	20
4	超过 300 000 元至 420 000 元的部分	25
5	超过 420 000 元至 660 000 元的部分	30
6	超过 660 000 元至 960 000 元的部分	35
7	超过 960 000 元的部分	45

注 1：本表所称全年应纳税所得额是指依照税法第六条的规定，居民个人取得综合所得以每一纳税年度收入额减除费用六万元以及专项扣除、专项附加扣除和依法确定的其他扣除后的余额。

注 2：非居民个人取得工资、薪金所得，劳务报酬所得，稿酬所得和特许权使用费所得，依照本表按月换算后计算应纳税额。

表 6—2　　个人所得税税率表（经营所得适用）

级数	全年应纳税所得额	税率（%）
1	不超过 30 000 元的部分	5
2	超过 30 000 元至 90 000 元的部分	10
3	超过 90 000 元至 300 000 元的部分	20
4	超过 300 000 元至 500 000 元的部分	30
5	超过 500 000 元的部分	35

注：本表所称全年应纳税所得额是指依照税法第六条的规定，以每一纳税年度的收入总额减除成本、费用以及损失后的余额。

为了方便计算，可以将税法中的税率表 6—1 变化一下，把全年应纳税所得额转化成全月应纳税所得额，增加速算扣除数，具体见表 6—3。

表 6—3　　个人所得税税率表（综合所得适用）

级数	全月应纳税所得额（含税级距）	税率（%）	速算扣除数
1	不超过 3 000 元的部分	3	0
2	超过 3 000 元至 12 000 元的部分	10	210
3	超过 12 000 元至 25 000 元的部分	20	1 410
4	超过 25 000 元至 35 000 元的部分	25	2 660
5	超过 35 000 元至 55 000 元的部分	30	4 410
6	超过 55 000 元至 80 000 元的部分	35	7 160
7	超过 80 000 元的部分	45	15 160

说明：本表含税级距中应纳税所得额，是指综合所得金额 - 各项社会保险金（五险一金）- 起征点 5 000 元（外籍 5 000 元）的金额。

个人所得税费用扣除标准是 5 000 元，使用超额累进税率，计算方法如下：

应纳税所得额 = 综合所得金额 - 依法规定的免征额 5 000 元（基本减除费用）- 社保公积金个人部分（个人基本养老保险、基本医疗保险、失业保险、住房公积金等专项扣除项目）- 专项附加扣除项目（子女教育支出、继续教育支出、大病医疗支出、住房贷款利息或者住房租金、赡养老人支出等）

应缴纳的个人所得税 = 应纳税所得额 × 税率（分级计算税率）- 速算扣除数

【例 6-10】李某在 11 月的月工资为 10 000 元，无其他收入，社保公积金个人部分和其他扣除项目为 2 000 元，计算李某在 11 月应缴纳的个人所得税。

应纳税所得额 =10 000-5 000-2 000=3 000（元）

符合级数 1 的税率：3%。

应缴纳的个人所得税 =3 000 × 3%=90（元）

【例 6-11】王某在 11 月的月工资为 15 000 元，无其他收入，社保公积金个人部分和其他扣除项目为 3 000 元，计算王某在 11 月应缴纳的个人所得税。

应纳税所得额 =15 000-5 000-3 000=7 000（元）

符合级数 2 的税率：10%。

应缴纳的个人所得税 =7 000 × 10%-210=490（元）

3. 所得税的账务处理

按照税法规定，企业所得税应按年计算，分月或分季预缴。月末企业应将成本费用类账户和税费类账户的余额转入“本年利润”账户的借方，将收入类账户的余额转入“本年利润”账户的贷方，然后再计算“本年利润”账户的本期借贷方发生额之差。贷方余额为企业本月实现的利润总额，即税前会计利润；借方余额则为企业本月发生的亏损总额。

（1）应付税款法的账务处理

税前会计利润与纳税所得之间存在的永久性差异和时间性差异，会计核算上可以采用应付税款法或纳税影响会计法处理。本书只对应付税款法作简要介绍。

应付税款法是将本期税前会计利润与纳税所得之间的差异造成的影响纳税的金额直接计入当期损益，而不递延到以后各期。在应付税款法下，当期计入损益的所得税费用等于当期应交的所得税。在应付税款法下，企业应按照税法规定对税前会计利润进行调整，得出应纳税所得额即纳税所得，再按税法规定的税率计算出当期应交的所得税，作为费用直接计入当期损益。

企业按照税法规定计算应交的所得税，借记“所得税”账户，贷记“应交税费——应交所得税”账户。月末或季末，企业按规定预缴本月（或本季）应纳所得税税额时，借记“应交税费——应交所得税”账户，贷记“银行存款”账户。月末，企业应将“所得税”账户借方余额作为费用转入“本年利润”账户，借记“本年利润”账户，贷记“所得税”账户，结转后“所得税”账户应无余额。

（2）汇算清缴的账务处理

年末企业应根据“本年利润”账户有关资料，计算出本年实现的利润总额。企业应按规定将利润总额进行调整，包括弥补上年度亏损，减除已缴纳所得税的投资利润等，调整后的余额就构成企业本年度的应纳税所得额。本年度应纳税所得额乘以规定的税率，就得出企业的应纳税额。企业如果有来源于境外的所得，其已在境外缴纳的所得税税额，按规定从应纳税额中扣除。企业在汇算清缴时，计算的实际全年应纳税额多于全年已预缴的所得税税额时，其少交的部分，应在下一年度缴纳时补缴。计算出税款时，借记“所得税”账户，贷记“应交税费——应交所得税”账户。实际补交税款时，借记“应交税费——应交所得税”账户，贷记“银行存款”账户。多交的部分可在下一年度抵缴。

（3）企业所得税减免税的账务处理

按照税法规定，企业在享受减免税优惠措施时，应将减免的应纳税额计算入账，并按规定进行纳税申报。企业按规定计算出应纳税额时，借记“所得税”账户，贷记“应交税费——应交所得税”账户。实行先交后退的企业，按规定缴纳税款时，借记“应交税费——应交所得税”账户，贷记“银行存款”账户。企业按规定收到退回的所得税税款时，借记“银行存款”账户，贷记“应交税费——应交所得税”账户；同时借记“应交税费——应交所得税”账户，贷记“盈余公积”账户。

（4）上年利润调整所得税的账务处理

企业年度决算报表经有关部门审核后，对发现的上年度会计事项，如果是涉及损益的，应对上年利润总额和利润分配进行调整，计算出多交或少交的所得税，办理补交或退税手续。企业按规定调整上年利润，如调整增加上年利润或调减上年亏损时，借记有关账户，贷记“利润分配——未分配利润”账户。对调整增加的利润，应按规定补缴所得税，借记“利润分配——未分配利润”账户，贷记“应交税费——应交所得税”账户。实际缴纳所得税时，借记“应交税费——应交所得税”账户，贷记“银行存款”账户。调整减少上年利润或调整增加上年亏损时，借记“利润分配——未分配利润”账户，贷记有关账户。由于调减利润而应退回的税款，借记“应交税费——应交所得税”账户，贷记“利润分配——未分配利润”账户。按规定办理退税手续，收回税款时，借记“银行存款”账户，贷记“应交税费——应交所得税”账户。

第三节 利润

利润是企业在一定期间内全部收入扣除成本价格、支出和税金以后的余额，是企业生产经营活动的最终成果。利润主要有营业利润、利润总额和净利润三类。

一、营业利润

营业利润 = 营业收入 − 营业成本 − 税金及附加 − 销售费用 − 管理费用 − 财务费用 − 资产减值损失 + 公允价值变动收益（− 公允价值变动损失）+ 投资收益（− 投资损失）

1. 营业成本

营业成本包括主营业务成本和其他业务成本。主营业务成本是企业确认的销售商品、提供劳务等主营业务收入结转的成本。其他业务成本是企业确认的除主营业务活动以外的其他经营活动所发生的支出，主要包括销售材料的成本、出租固定资产的折旧额、出租无形资产的摊销额、出租包装物的成本或摊销额等。

2. 资产减值损失

资产减值损失是指企业计提的各项资产减值准备所形成的损失，包括应收账款坏账损失、存货跌价损失、固定资产减值损失、无形资产减值损失和投资减值损失等。

3. 公允价值变动收益

公允价值变动收益包括企业交易性金融资产、交易性金融负债以及采用公允价值模式计量的投资性企业公允价值变动形成的应计入当期损益的利得或损失。

4. 投资收益

投资收益包括企业持有的交易性金融资产、持有至到期的投资、可供出售的金融资产、长期股权投资而实现的投资收益或发生的投资损失。

二、利润总额

利润总额 = 营业利润 + 营业外收入 − 营业外支出

1. 营业外收支

（1）营业外收入

营业外收入是指企业发生的与日常经营活动无直接关系的各项利得。营业外收入并不是由企业经营资金耗费所产生的，企业不需要付出代价，实际上是一种纯收入，不可能也不需要与有关费用进行配比。因此，在会计核算上，应当严格区分营业外收入与营业收入的界限。营业外收入主要包括非流动资产处置利得、非货币性资产交换利得、债务重组利得、盘盈利得、政府补助和捐赠利得等。

（2）营业外支出

营业外支出是指企业发生的与日常经营活动无直接关系的各项损失。营业外支出主要包括非流动资产处置损失、非货币性资产交换损失、债务重组损失、盘亏损失、非常损失和公益性捐赠损失等。

营业外收支虽然与企业生产经营活动没有太大关系，但从企业主体来考虑，它同样能带来收入或形成企业的支出，也是增加或减少利润的因素，会对企业的利润总额及净利润产生较大影响。

2. 利润总额的账务处理

在实际工作中，需要使用一个汇总性的账户，定期将全部收入与全部费用转入该汇总账户，以便进行收入和费用的配比，其差额就是当期的利润。企业设置“本年利润”账户作为汇总账户，进行收入和费用的结转。各项收入转入“本年利润”账户的贷方，各项成本费用转入“本年利润”账户的借方。结转完毕，若“本年利润”账户为贷方余额，则为企业当期实现的利润总额；若“本年利润”账户为借方余额，则为企业当期发生的亏损总额。年末“本年利润”账户的余额应转入“利润分配”账户，结转后“本年利润”账户无余额。“本年利润”账户的借方、贷方登记分如下四个步骤：

（1）结转收入

借：主营业务收入

其他业务收入

营业外收入

贷：本年利润

（2）结转成本、费用和税金

借：本年利润

贷：主营业务成本

税金及附加

其他业务成本

营业费用

管理费用

财务费用

营业外支出

所得税

（3）结转投资收益

1）净收益

借：投资收益

贷：本年利润

2）净损失

借：本年利润

贷：投资收益

（4）年末结转利润分配

将本年的收入和支出相抵后，结出本年实现的净利润。

借：本年利润

贷：利润分配——未分配利润

如果是亏损：

借：利润分配——未分配利润

贷：本年利润

现举例说明利润总额的计算过程。

【例 6-12】东风公司 ×× 年 12 月末各损益类账户余额见表 6—4。

表 6—4　　东风公司 ×× 年 12 月末各损益类账户余额表　　单位：元

	借方	贷方
主营业务收入		1 507 800
主营业务成本	795 400	
税金及附加	34 770	
其他业务收入		59 630
其他业务成本	47 650	
销售费用	53 200	
管理费用	71 500	
财务费用	62 400	
资产减值损失	67 930	
公允价值变动损益		72 600
投资收益		483 000
营业外收入		34 000
营业外支出	41 200	

根据表 6—4 资料，将各损益账户的余额分别结转入“本年利润”账户。

结转本月实现的各项收入和支出：

借：主营业务收入　　1 507 800

　　其他业务收入　　59 630

　　公允价值变动损益　　72 600

　　投资收益　　483 000

　　营业外收入　　34 000

　　贷：本年利润　　2 157 030

借：本年利润　　1 174 050

　　贷：主营业务成本　　795 400

　　　　税金及附加　　34 770

　　　　其他业务成本　　47 650

　　　　销售费用　　53 200

　　　　管理费用　　71 500

财务费用 62 400
资产减值损失 67 930
营业外支出 41 200

将上述分录登记到东风公司的“本年利润”账户，具体见表 6—5。

表 6—5 本年利润 单位：元

主营业务成本	795 400	主营业务收入	1 507 800
税金及附加	34 770	其他业务收入	59 630
其他业务成本	47 650	公允价值变动损益	72 600
销售费用	53 200	投资收益	483 000
管理费用	71 500	营业外收入	34 000
财务费用	62 400		
资产减值损失	67 930		
营业外支出	41 200		
当年发生亏损		当年实现利润	982 980

三、净利润

净利润 = 利润总额 - 所得税费用

企业要实现税后净利润，所得税就是一项必不可少的支出。从利润总额中扣除所得税以后的余额，才是企业可分配的净利润。关于所得税费用在上一节中已作介绍，以下举两例作进一步说明。

期末，企业将损益类账户的余额转入“本年利润”账户后，即可计算出本年实现的利润总额（或亏损总额），然后根据利润总额计算应纳所得税，以便确定净利润。

【例 6–13】12 月 31 日，某企业按本月实现利润 43 663 元，计算应纳所得税 10 916 元。

这项经济业务的发生，引起负债和费用两个要素发生变化。企业按实现利润计算的应纳所得税，使费用（所得税）和负债（应交税费）同时增加，应记入“所得税”账户借方和“应交税费”账户贷方。编制会计分录如下：

借：所得税 10 916

贷：应交税费——应交所得税　　10 916

【例 6–14】12 月 31 日，该企业将本月所得税转入“本年利润”账户。

这项转账业务的发生，引起所有者权益和费用两个要素发生变化。按规定期末将“所得税”账户余额转入“本年利润”账户，应记入“本年利润”账户借方和“所得税”账户贷方，以便正确计算利润净额。编制会计分录如下：

借：本年利润　　10 916

贷：所得税　　10 916

企业获得的利润净额的计算顺序如下：

主营业务利润 = 主营业务收入 – 主营业务成本 – 税金及附加

其他业务利润 = 其他业务收入 – 其他业务成本

营业利润 = 主营业务利润 + 其他业务利润 – 管理费用 – 财务费用 + 投资收益

利润总额 = 营业利润 + 营业外收入 – 营业外支出

净利润 = 利润总额 – 所得税费用

四、利润分配的账务处理

1. 利润分配顺序

利润分配是指企业根据国家有关规定和企业章程、投资者协议等，对企业当年可供分配的利润所进行的分配。

企业实现的利润总额按国家规定作相应调整后，应先依法缴纳所得税，利润总额减去缴纳所得税后的余额即为可供分配的利润。按照我国有关规定，利润分配应按下列顺序进行：

（1）计算可供分配的利润

可供分配的利润 = 净利润（或亏损）+ 年初未分配利润 – 弥补以前年度的亏损 + 其他转入的金额

如果可供分配的利润为负数（即累计亏损），则不能进行后续分配；如果可供分配的利润为正数（即累计盈利），则可进行后续分配。

（2）提取法定盈余公积

按照《公司法》的有关规定，公司应当按照当年净利润（抵减年初累计亏损后）的 10% 提取法定盈余公积，提取的法定盈余公积累计额超过注册资本

50% 以上的，可以不再提取。

（3）提取任意盈余公积

公司提取法定盈余公积后，经股东会或者股东大会决议，还可以从净利润中提取任意盈余公积。

（4）向投资者分配利润（或股利）

企业以前年度未分配的利润可以并入本年度向投资者分配，分配顺序为：

1）支付优先股股利。

2）按公司章程或股东会决议提取任意盈余公积。

3）支付普通股股利。

可供投资者分配的利润 = 可供分配的利润 - 提取的盈余公积

2. 账务处理

（1）将本年利润转入利润分配

借：本年利润

　　贷：利润分配——未分配利润

（2）缴纳所得税（比例 25%）

借：所得税

　　贷：应交税费——所得税

（3）提取法定盈余公积（税后利润的 10% 以上）、公益金（税后利润的 5% 以上）和任意盈余公积（根据公司规章规定的比例计算）

借：利润分配——提取法定盈余公积

　　　　　　——提取公益金

　　　　　　——提取任意盈余公积

　　贷：盈余公积——法定盈余公积

　　　　　　　——公益金

　　　　　　　——任意盈余公积

如有优先股，应在“任意盈余公积”前分配股利。

（4）分配股利（根据董事会决议）

借：利润分配——应付股利

　　贷：应付股利

（5）结转利润分配

借：利润分配——未分配利润

　　贷：利润分配——提取法定盈余公积

　　　　　　　　——提取公益金

　　　　　　　　——提取任意盈余公积

　　　　　　　　——应付股利

（6）以盈余公积弥补以前年度亏损

借：盈余公积

　　贷：利润分配——盈余公积转入

【例 6–15】帝成环卫科技有限公司年初未分配利润为 0，本年实现净利润 1 000 000 元，本年提取法定盈余公积 100 000 元，宣告发放现金股利 300 000 元。假定不考虑其他因素，帝成环卫科技有限公司财务处理如下：

（1）结转本年利润，编制会计分录如下：

借：本年利润　　1 000 000

　　贷：利润分配——未分配利润　　1 000 000

如果企业当年发生亏损，则应借记“利润分配——未分配利润”账户，贷记“本年利润”账户。

（2）提取法定盈余公积、宣告发放现金股利，编制会计分录如下：

借：利润分配——提取法定盈余公积　　100 000

　　　　　　——应付现金股利　　300 000

　　贷：盈余公积　　100 000

　　　　应付股利　　300 000

同时，

借：利润分配——未分配利润　　400 000

　　贷：利润分配——提取法定盈余公积　　100 000

　　　　　　　　——应付现金股利　　300 000

结转后，如果“未分配利润”明细账户的余额在贷方，表示累计未分配的利润；如果余额在借方，则表示累积未弥补的亏损。本例中，“利润分配——未分配利润”明细账户的余额在贷方，此贷方余额 600 000 元（本年实现净利润 1 000 000– 提取法定盈余公积 100 000– 支付现金股利 300 000）即为帝成环卫科技有限公司本年年末的累计未分配利润。

第七章 财务报表与销售日报表

学习目标

1. 了解财务报表的概念和种类，熟悉资产负债表、利润表、现金流量表等的编制步骤和方法。

2. 明确编制销售日报表的意义，熟悉和掌握销售日报表的编制方法和填写要求。

财务报表是企业向外部信息使用者提供财务信息的正式文件。正确分析并识别相关财务信息，养成编制销售日报表的良好习惯，对正确拟订经营计划、作出经营决策具有十分重要的意义。

第一节　财务报表

企业的财务报表是一个报表体系。企业一定期间的经营成果、特定时期的财务状况等方面的财务会计信息通过会计记录最终反映在财务报表上。企业的财务报表主要由资产负债表、利润表、现金流量表、所有者权益变动表及有关附表组成。（本教材中只对资产负债表、利润表、现金流量表作简要的分析讲解。）

一、财务报表的概念和种类

1. 财务报表的概念

财务报表是指企业对外提供的反映企业某一特定时期的财务状况和某一会计期间的经营成果、现金流量等会计信息的文件。一套完整的财务报表至少应当包括资产负债表、利润表和现金流量表。

2. 财务报表的种类

（1）按反映的经济内容分类，财务报表可分为财务状况报表和经营成果报表两类。

1）财务状况报表是指反映企业财务状况及其变动情况的财务报表，如资产负债表、现金流量表。

2）经营成果报表是指反映企业收益形成和收益分配的财务报表，如利润表、利润分配表。

（2）按所反映的企业资金运动状态分类，财务报表可分为静态报表和动态报表两类。

1）静态报表是指反映企业在某一时点上的全部资产、负债和所有者权益状况的书面报告，如资产负债表。

2）动态报表是指反映企业一定时期内资金运动的报表，如利润表和现金流量表。

（3）按编制的时间分类，财务报表可分为中期报表和年度报表。

（4）按编制的主体分类，财务报表可分为个别财务报表和合并财务报表。

（5）按使用对象分类，财务报表可分为对外财务报表和对内财务报表。

二、资产负债表

1. 资产负债表的概念

资产负债表是总括反映企业某一特定日期（月末、季末、年末）财务状况的主要财务报表。资产 = 负债 + 所有者权益，是资产负债表的主要内容。

（1）资产

资产按照流动资产和非流动资产两大类别在资产负债表中列出，在流动资产和非流动资产两大类别下进一步按性质分项列出。

资产负债表中列出的流动资产项目通常包括货币资金、交易性货币资产、应收票据、应收账款、预付账款、应收利息、应收股利、其他应收款、存货和一年内到期的非流动资产。非流动资产项目通常包括长期股权投资、固定资产、在建工程、工程物资、固定资产清理、无形资产、开发支出、长期待摊费用以及其他非流动资产等。

（2）负债

负债按照流动负债和非流动负债在资产负债表中列出，在流动负债和非流动负债类别下再进一步按性质分项列出。

资产负债表中列出的流动负债项目通常包括短期借款、应付票据、应付账款、预收账款、应付职工薪酬、应交税费、应付利息、应付股利、其他应付款、一年内到期的非流动负债等。非流动负债项目通常包括长期借款、应付债券和其他非流动负债等。

（3）所有者权益

所有者权益一般按照实收资本（或股本）、资本公积、盈余公积和未分配利润在资产负债表中分项列出。

2. **资产负债表的结构**

我国企业资产负债表采用账户式结构。账户式资产负债表分左右两方，左方为资产项目，按资产的流动性排列，流动性大的资产如货币资金、交易性金融资产等排在前面，流动性小的资产如长期股权投资、固定资产等排在后面；右方为负债及所有者权益项目，一般根据要求的清偿时间按先后顺序排列，短期借款、应付票据、应付账款等需要在一个正常营业周期内偿还的流动负债排在前面，长期借款等在一年以上才需偿还的非流动负债排在中间，在企业清算之前不需要偿还的所有者权益项目排在后面。现举例进一步说明。

【例 7–1】甲公司 ×× 年 12 月 31 日的有关资料如下：

（1）科目余额表（见表 7—1）

表 7—1　科目余额表　单位：元

科目名称	借方余额	贷方余额	科目名称	借方余额	贷方余额
库存现金	2 960		短期借款		400 000
银行存款	6 063 000		应付账款		7 630 400
其他货币资金	500 000		应付票据		800 000
短期投资	125 000		其他应付款		400 000
短期投资跌价准备		5 000	应付职工薪酬		1 440 000
应收账款	4 800 000		应交税费		842 752
应收票据	248 000		其他应付款		852 800
预付账款	800 000		应付股利		257 726.80
坏账准备		14 400	长期借款		9 280 000
其他应收款	40 000		其中：一年内到期的长期借款		280 000
物资采购	2 200 000				
原材料	664 400		实收资本（股本）		40 000 000
低值易耗品	9 200		盈余公积		1 085 481.20
库存商品	18 410 000		未分配利润		1 760 000
材料成本差异	34 000				
长期股权投资	2 120 000				

续表

科目名称	借方余额	贷方余额	科目名称	借方余额	贷方余额
长期投资减值准备		120 000			
固定资产	19 208 000				
累计折旧		1 360 000			
工程物资	1 200 000				
在建工程	4 624 000				
无形资产	4 340 000				
无形资产减值准备		20 000			
长期待摊费用	1 600 000				

（2）资产负债表（见表7—2）

表7—2 资产负债表

编制单位：甲公司 年 月 日 单位：元

资产	年初余额（略）	年末余额	负债和所有者权益	年初余额（略）	年末余额
流动资产：			流动负债：		
货币资金		6 565 960	短期借款		400 000
短期投资		120 000	应付账款		7 630 400
应收账款		4 785 600	应付票据		800 000
应收票据		248 000	应付职工薪酬		1 440 000
其他应收款		40 000	应付股利		257 726.80
预付账款		80 000	应交税费		842 752
存货		21 317 600	其他应付款		1 252 800
			一年内到期的非流动负债		280 000
流动资产合计：		33 157 160	流动负债合计：		12 903 678.80
非流动资产：			非流动负债：		

续表

资产	年初余额（略）	年末余额	负债和所有者权益	年初余额（略）	年末余额
长期股权投资		2 000 000			
固定资产		19 208 000	长期借款		9 000 000
减：累计折旧		1 360 000			
固定资产净值		17 848 000			
工程物资		1 200 000			
在建工程		4 624 000	非流动负债合计：		9 000 000
无形资产		4 320 000	负债合计：		21 903 678.80
长期待摊费用		1 600 000	所有者权益：		
非流动资产合计：		31 592 000	实收资本（股本）		40 000 000
			盈余公积		1 085 481.20
			未分配利润		1 760 000
			所有者权益（或股东权益）合计：		42 845 481.20
资产总计：		64 749 160	负债和所有者权益（或股东权益）合计：		64 749 160

三、利润表和利润分配表

1. 利润表的概念和格式

利润表又称为收益表或损益表，它是反映企业在一定会计期间经营成果的财务报表。

我国企业的利润表采用多步式格式，分以下三个步骤：

（1）以营业收入为基础，减去营业成本、税金及附加、销售费用、管理费用、财务费用、资产减值损失，加上公允价值变动收益（减去公允价值变动损失）和投资收益（减去投资损失），计算出营业利润。

（2）以营业利润为基础，加上营业外收入，减去营业外支出，计算出利润总额。

（3）以利润总额为基础，减去所得税费用，计算出净利润（净亏损）。

利润表的具体格式见表 7—3。

表 7—3　　利润表

编报单位:　　××年×月×日　　单位: 元

项目	本期金额	上期金额
一、营业收入		
减: 营业成本		
税金及附加		
销售费用		
管理费用		
财务费用		
资产减值准备		
加: 公允价值变动收益		
投资收益		
二、营业利润		
加: 营业外收入		
减: 营业外支出		
三、利润总额		
减: 所得税费用		
四、净利润		
五、每股收益		
(一)基本每股收益		
(二)稀释每股收益		

2. 利润分配表的概念和格式

利润分配表是反映企业一定期间对实现净利润的分配或亏损弥补的财务报表，是利润表的附表，说明利润表上反映的净利润的分配去向。利润分配表的具体格式见表 7—4。

表 7—4　　利润分配表

项目	行次	本年实际	上年实际
一、净利润		净利润项目根据“本年利润”账户年终结转入“利润分配——未分配利润”账户的发生额填列；如为净亏损，应以负数填列，且其数字与利润表中“本年累计数”栏的净利润项目一致	

续表

项目	行次	本年实际	上年实际
加：年初未分配利润		年初未分配利润、未分配利润项目分别根据“利润分配——未分配利润”账户的年初、年末余额填列	
其他转入		“其他转入”项目应根据“利润分配”账户所属该明细账户的本年贷方发生额填列	
二、可供分配的利润		可供分配的利润＝净利润＋年初未分配利润＋其他转入	
减：提取法定盈余公积		各项目应分别根据“利润分配”账户所属各明细账户的本年借方发生额填列	
提取法定公益金		各项目应分别根据“利润分配”账户所属各明细账户的本年借方发生额填列	
提取职工奖励及福利基金		各项目应分别根据“利润分配”账户所属各明细账户的本年借方发生额填列	
提取储备基金		各项目应分别根据“利润分配”账户所属各明细账户的本年借方发生额填列	
提取企业发展基金		各项目应分别根据“利润分配”账户所属各明细账户的本年借方发生额填列	
利润归还投资		各项目应分别根据“利润分配”账户所属各明细账户的本年借方发生额填列	
三、可供投资者分配的利润		可供投资者分配的利润＝可供分配的利润－（提取法定盈余公积＋提取法定公益金＋提取职工奖励及福利基金＋提取储备基金＋提取企业发展基金＋利润归还投资）	
减：应付优先股股利		各项目应分别根据“利润分配”账户所属各明细账户的本年借方发生额填列	
提取任意盈余公积		各项目应分别根据“利润分配”账户所属各明细账户的本年借方发生额填列	
应付普通股股利		各项目应分别根据“利润分配”账户所属各明细账户的本年借方发生额填列	
转作资本（或股本）的普通股股利		各项目应分别根据“利润分配”账户所属各明细账户的本年借方发生额填列	
四、未分配利润		未分配利润＝可供投资者分配的利润－［应付优先股股利＋提取任意盈余公积＋应付普通股股利＋转作资本（或股本）的普通股股利］	

四、现金流量表

1. 现金流量表的概念

现金流量表是指反映企业在一定会计期间现金和现金等价物流入和流出的报表。现金流量是指一定会计期间内企业现金和现金等价物的流入和流出。企业从银行提取现金、用现金购买短期到期的国库券等现金和现金等价物之间的转换不属于现金流量。现金是指企业库存现金以及可以随时用于支付的存款，包括库存现金、银行存款和其他货币资金（如外埠存款、银行汇票存款、银行本票存款等）。现金等价物是指企业持有的期限短、流动性强、易于转换为已知金额现金和价值变动风险很小的投资。权益性投资变现的金额通常不确定，因此不属于现金等价物。企业应当根据具体情况确定现金等价物的范围，一经确定不得随意变更。

企业产生的现金流量分为三类：

（1）经营活动产生的现金流量

经营活动产生的现金流量是指企业投资活动和筹资活动以外的所有交易和事项所产生的现金流量，主要包括销售商品或提供劳务、购买商品或接受劳务、支付工资和缴纳税款等流入和流出的现金和现金等价物。

（2）投资活动产生的现金流量

投资活动是指企业长期资产的购建和不包括现金等价物范围内的投资及其处置活动。投资活动产生的现金流量主要包括长期投资的购买与处置、固定资产的购建与处置等活动所产生的现金及现金等价物的流入和流出。

（3）筹资活动产生的现金流量

筹资活动是指导致企业资本及债务的规模和构成发生变动的活动。筹资活动产生的现金流量主要包括吸收投资、发行股票、分配利润、发行债券、偿还债务等流入和流出的现金和现金等价物。

2. 现金流量表的结构

我国现金流量表采用报告式结构，具体见表 7—5。

表 7—5 现金流量表

编制单位： ×× 年度 单位：元

项目	行次	本期金额	上期金额
一、经营活动产生的现金流量			
销售商品、提供劳务收到的现金			
收到的税费返还			
收到其他与经营活动有关的现金			
经营活动现金流入小计			
购买商品、接受劳务支付的现金			
支付给职工以及为职工支付的现金			
支付的各项税费			
支付其他与经营活动有关的现金			
经营活动现金流出小计			
经营活动产生的现金流量净额			
二、投资活动产生的现金流量			
收回投资收到的现金			
取得投资收益收到的现金			
处置固定资产、无形资产和其他长期资产收回的现金净额			
处置子公司及其他营业单位收到的现金净额			
收到其他与投资活动有关的现金			
投资活动现金流入小计			
购建固定资产、无形资产和其他长期资产支付的现金			
投资支付的现金			
取得子公司及其他营业单位支付的现金净额			
支付其他与投资活动有关的现金			
投资活动现金流出小计			
投资活动产生的现金流量净额			
三、筹资活动产生的现金流量			
吸收投资收到的现金			
取得借款收到的现金			
收到其他与筹资活动有关的现金			
筹资活动现金流入小计			
偿还债务支付的现金			
分配股利、利润或偿付利息支付的现金			

续表

项目	行次	本期金额	上期金额
支付其他与筹资活动有关的现金			
筹资活动现金流出小计			
筹资活动产生的现金流量净额			
四、汇率变动对现金及现金等价物的影响			
五、现金及现金等价物净增加额			
加：期初现金及现金等价物余额			
六、期末现金及现金等价物余额			

第二节　销售日报表

一、编制销售日报表的意义

销售日报表主要是对每天所做的事情进行总结，找出问题，分析原因，并为今后的工作提供资料和经验支持。销售人员或者销售主管人员通过销售日报表了解每天的销售情况，还可以从每个月的销售日报表中了解销售的变化情况，总结规律，以此制订长期销售规划和短期销售计划。

销售日报表是拟订营销计划的基础，也是营销管理人员依此安排工作的依据。销售日报表的意义具体表现在以下十个方面：

（1）能有效把握市场需要及其动向。

（2）能随时把握竞争对手的情报。

（3）能及时收集技术信息和顾客信息。

（4）能有效地对目标达成程度进行评价。

（5）能有效地对销售人员的行动进行管理。

（6）销售人员本身可以通过销售日报表将拜访中所遇到的问题列出，从而向主管寻求相关支援。

（7）可以对洽谈技术上的问题点进行把握，对所遇到的问题进行分类。

（8）可以作为销售效率的分析资料，也可以作为销售统计的资料。

（9）可以作为自我管理的工具。

（10）可以随时把握地区特色。

二、销售日报表的编制或填写要求

不同行业的销售日报表不尽相同，常见的销售日报表见表7—6、表7—7。销售日报表的编制或填写要求如下：

1. 报表必须便于填写，要使销售人员完成拜访之后能立刻将报表填写出来，如果需要花费很多时间去思考，就失去了销售日报表本身的意义。

2. 报表必须便于处理，作为今后的统计资料要易于分析。

3. 报表必须标准化、表格化。

4. 报表必须能够随时反映销售业绩的变化。

5. 提交报表的时间和责任人要明确。

6. 报表必须便于与过去的报表相比较。

7. 填写报表时应充分体现所获得的信息。

8. 填写报表时必须能够客观反映市场状况及拜访情况。

表 7—6　　销售日报表

柜台:　　　　月份:

日期	正价销售	销售数量	开单数	特价销售	销售数量	开单数	销售合计	数量合计	开单合计	进货数量	退货数量	总货数量	核对人员

表 7—7　　每日销售日报表

年　月　　　　承办:

日期	目标	实绩	差额	+−	%	内容	特别记事
1							
2							
3							
……							

第八章　收银业务

学习目标

1. 了解收银员基本素质要求，熟悉收银工作环境。

2. 掌握收银业务操作程序，熟悉收银作业，掌握退换货物业务和操作中出现问题的处理方法。

3. 掌握常用的点钞技术和鉴别真假人民币的方法。

收银业务既是一项经济管理活动，也是一项专门的经济工作。它具有专业性强、责任重、时间短、方便顾客等特点。同时，收银业务少不了与钞币接触，因此，掌握必要的点钞技术，正确识别真假人民币，是收银工作人员必备的技能。

第一节 收银概述

收银业务也称收款业务，是指商场、超市等商业零售企业设在营业一线收取货币资金的专门业务活动。

一、收银员的基本要求

收银员又称收款员，是指在商业零售企业从事面向顾客收取现金（含现钞、支票、各种金融支付卡等）工作的人员。

1. 收银员的岗位职责

（1）用现金、支票、信用卡、储值卡、微信、支付宝等，按规定标准营业消费价格收取客人费用。

（2）根据客户要求提供收据，办理退款、信贷或更正等。

（3）使用计算器、收款机或光学扫描仪器制成表格收据。

（4）解答客户的问题。

（5）自觉遵守财经纪律和财务管理制度。

（6）做好每一时段的收款额度计算，并配合进行总销售额度核算。

（7）不得向无关人员泄露公司的营业收入情况、资料和数据。

（8）熟悉收银机、计算器、验钞机等设备的使用方法，具有识别假钞和鉴别支票真伪的能力，并能够做好清洁保养工作。

2. 收银员的基本工作守则

（1）收银员上班期间身上不能带有现金。

（2）收银员在收银台不可放置私人物品。

（3）收银员在工作途中不可擅自离岗。

（4）收银员在工作时不可嬉笑聊天、开玩笑、怠慢顾客。

（5）收银员应熟悉便民特色服务的内容、促销活动、当期特价商品及商品存放位置。

（6）收银员在工作时应做到三轻：说话轻、走路轻、操作轻。

3. 收银员操作的要求

（1）营业前

1）整理、清洁收银台和收银作业区，保持工作区域环境卫生。

2）到指定地点领取备用金，并在登记本上签名，兑换充足的零钞，当面清点。

3）整理补充备用品，如购物袋、吸管、干净抹布、记录本和笔、空白打印纸、暂停结账牌等。

4）收银员根据需要与相关人员对照交接班记录表逐一清点实物，双方签字，如发现异常情况应立即向班长或主管汇报。整理好收银机，依次打开 UPS 电源、显示屏、主机，将显示屏及客户屏调整到最佳角度，输入密码，进入销售界面，打开钱箱，放入备用金。

5）检查前一日银行卡是否结账，如有异常立即向班长或主管汇报。

6）认真检查收银机、扫描器、消磁板是否正常，如有异常立即向班长或主管汇报。

7）将营业所需的收银专用章、私章、印台、取码器等摆放好，清点办公用品是否齐全，并注意合理摆放，检查购物袋存量是否充足。

8）分类整理好报纸及公司有关促销传单，并合理摆放，准备营业。

（2）营业中

1）作业要求

①主动与顾客打招呼，如“欢迎光临”。

②对顾客选购的商品做出最终检验，对顾客做结账服务。

③为顾客作商品入袋服务，做特殊收银作业处理（赠券、优惠等）。

④处理顾客忘记取走或废弃的收银联，保持收银台及周围环境整洁。

⑤非营业高峰期，服从收银助理或现场当班人员的安排从事其他工作。

⑥协助警卫人员做好安全保卫工作。

⑦对顾客的询问及抱怨作处理。

⑧做好交接班工作。

2）结账服务程序

①营业中严禁将营业款带出商场或携带私人物品（私款）和私换外币。顾客来到收银台前，收银员应及时接待，不得以任何理由推诿。

②入机前应先对顾客购买的商品作大致分类，根据顾客购物件的大小，选择合适的购物袋，并迅速将袋口打开，放在收银台上，然后将商品逐一入机并装袋。

③收银员应熟悉各种商品条码的位置。收银员在进行扫描时，应站姿端正，身体与收银台、收银机保持适当距离，不许靠在收银台上。

④商品入机时要求正确、规范扫描，在扫描器最敏感的地方按扫描器箭头方向将商品划过（商品与扫描器应保持适当距离，不能将商品在扫描器上摩擦或在扫描器上不停晃动），当听到“嘟”的响声后，核对商品与电脑显示的品名、规格、单价、数量是否一致，当电脑显示的商品资料与实物不符时应作相应处理。

⑤结算要做好“三唱”：一唱总共多少金额；二唱收取了顾客多少金额；三唱找零多少金额。

⑥若是由于柜台打错价，可在收银检查员证明后按底标价售出，差价由柜台负责人赔偿，收银员应立即向主管及相应柜组汇报。若商品品名、规格、条码（编码）不符或商品无条码（编码），收银员应委婉地向顾客解释并及时统计还原。

（3）营业后

营业后拿好备用金、营业款及各类单据到指定地点制单，金额超过三万元须请防护员护卫，按公司规定的金额留存备用金。点备用金时，首先从面额最小的开始点起，点完后要复核一遍。按规定格式填写现金缴款单，要求字迹工整清晰，不得涂改。填写现金缴款单时，应将现金全部点完并整理好，复核一遍后，再根据现金面额逐一填写缴款单。填写完毕后，复核缴款单的小计、合计是否正确，然后清点、复核现金并查看缴款单内容是否填写完整。确认无误后将现金缴款单的第二联与营业款装入现金袋内并锁好，拿好现金缴款单、备用金、营业款、卡袋到指定地点，在登记本上签名后交主管签收，将备用金有序地放入保险柜内。晚班收银员须待顾客全部离场后方可退出工作状态，再按规定关机，锁好收银专章及办公用品，交出钥匙，罩好机罩，把购物袋挂满，最后做好收银台前陈列商品的卫生清洁工作。

二、收银工作环境

1. 收银硬件环境

（1）商品营销环境

商品营销环境是指零售企业商品卖场的营销环境，包括经营店面、货架、展柜、商品、广告及店内装饰物品等要素。百货商场和超级市场是两个最典型的商业零售业，由于两者的经营方式不同，其营销环境也不尽相同。

百货商场的商品结构以服饰、鞋类、箱包、化妆品、家庭用品、家用电器为主，门类齐全，综合性强，商品售卖方式采取柜台销售和开架面售相结合的方式。

超级市场是以销售包装食品、生鲜食品、副食品和生活用品为主，满足顾客每日生活需求的商业零售企业。超市的商品售卖均采取自选销售、出入口分设、在收银台统一结算的经营方式。

（2）收银作业环境

收银作业环境是指以收银台为中心的收银工作区域。其环境布局非常重要，既要保证收银工作安全快捷，又要方便顾客交款结算。由于商场和超市的经营方式不同，收银台的设置布局也完全不相同。

（3）收银工作设备

1）收银工作设备是指收银工作中常用的设备，有电子收银机、收银机外部设备、银联 POS 机、验钞机等。

2）收银机的硬件结构主要由电子器件和机械部件两部分组成，共有六个组成部分：PC 主机、键盘、打印机、显示器、钱箱和外部设备接口。

3）收银机的外部设备主要有以下几种：打印机、条码扫描器、磁卡读写器、电子秤、调制解调器、网卡和后备电源。

2. 收银软件环境

收银软件环境即收银工作应用软件，简称收银软件。收银软件又称收银工作管理系统，全称为 Point of Sales 管理系统（POS 系统），是专门用于商品经营企业前台销售与后台管理的计算机应用软件。收银软件包括前台 POS 销售系统和后台 MIS 管理系统两大部分。

收银软件的应用环境是一个由前台收银机、后台计算机和服务器组成的网络环境。这个网络环境的结构是前台一定数量的收银机通过通信线路与服务器相连接，服务器又通过通信网络与后台计算机相连接，共同组成了一个结构合理、功能强大、集销售和管理于一体的网络环境下的 POS 系统。

第二节　收银业务操作

现代商场、超市、各类经营交易的收银业务已从过去的手工操作演变为运用收银机等现代工具收取货币资金的业务。收银业务的一般流程如图8—1所示。

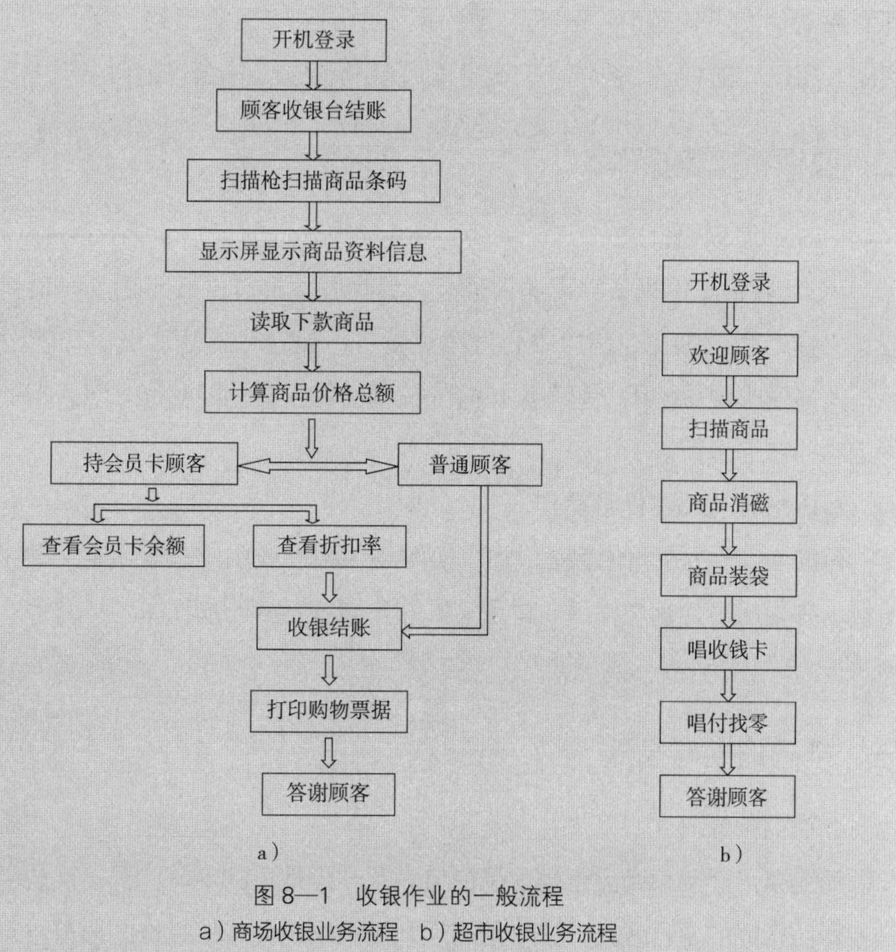

图8—1　收银作业的一般流程

a）商场收银业务流程　b）超市收银业务流程

一、收银机运行操作

1. 开机与登录操作

打开 UPS 电源→打开收银机的电源开关→进入“收银启动”窗口→单击“联网销售”按钮→进入“前台登录”窗口→输入员工号和口令→单击“确定”按钮→进入“POS 前台销售”窗口。

2. 暂停与恢复操作

收银作业暂停有两种情况：一种情况是收银员临时离开收银台，称为“暂离”（恢复再次按“暂离”键）；另一种情况是“挂单”（恢复按“取单”键）。

3. 退出与关机操作

退出操作系统，返回上一个工作状态按退出键，即“ESC”键；在没有任何交易的情况下，按下“ESC”键，系统返回到“系统启动”窗口，在“系统启动”窗口单击“退出系统”按钮，就可以顺利退出 POS 操作系统。

二、收银机键盘操作

1. POS 编程键盘操作

POS 收银机键盘多为可编程键盘，具有强大的软件设定功能，功能键多为自定义键，通常由企业信息中心根据需要进行设定和增删。键盘功能设置完成后，为方便收银员使用，可在设置好的按键上贴上其功能名称，然后扣上键帽以固定功能键的位置。

2. POS 固化编程键盘操作

有的 POS 机是固化编程键盘，按照使用习惯或用户的需要定义键盘内容的位置，并写进芯片永久保存，将定义好的功能键名称印刷在每个按键上，不易磨损丢失。

三、条码扫描与录入

1. 商品条形码

商品条形码简称商品条码，是指将表示一定信息的字符代码转换成用一组黑白或彩色相间的平行线条，按一定的规则排列组合而成的特殊图形符号。商品条形码的优点是准确度高、输入速度快、制作容易、设备经济实用等。常用的商品条形码有国际物品条形码，简称 EAN 条形码；通用产品条形码，简称 UPC 条形码；二五条形码；三九条形码；库德巴条形码等 5 种。商品流通领域用于商品标志的条形码主要是 EAN 条形码和 UPC 条形码。

2. 商品店内码

商品店内码是指超市经营的鱼、肉、水果、蔬菜等随机称量销售的生鲜商品，通常用专用设备（如电子秤）对商品称重并自动编码，然后打印出条码标签将其粘贴或悬挂在商品包装袋上。这种零售商品编制的代码只能用于商店内部的自动化管理系统，因此称为商品店内码。

3. 条码录入技能

收银员录入条码要做到快速、一次、无遗漏扫描。扫描条码时，依次将每件商品的条形码正对激光平台或扫描器轻轻一扫，当听到"嘟"的声响后，证明条码扫描成功，商品信息即输入了收银机。人工扫描是使用 POS 键盘上面的数字小键盘，因此要提高收银工作效率，就要做到不看键盘能快速准确地输入数字。

四、商品消磁与装袋

1. 商品消磁

商品消磁就是对固定在商品上的防盗标签进行解除磁性的操作。销售商品常用的防盗标签分为软标签和硬标签两种。软标签从外形上看就是张纸条，看似一般的价格标签，实际上却是有磁性的防盗标签，所以也叫防盗软标签。硬标签是指难以被移走或被破坏的坚固标签，顾客付款后，收银员需用特定工具，如硬标签拔除器、取钉器、开锁器等将硬标签取下并收回。商品消磁应遵循快速消磁、无漏消磁、保护商品的原则。

2. 商品装袋

商品装袋首先应征求顾客用袋意见，正确选择购物袋，根据科学、卫生、健康的理念，将商品分类装袋。商品装袋时购物袋的使用要以节省为原则，尽量使用中、小号袋，必要时才用特大号袋，同时还要保证装袋作业做得又快又好。为了能够及时发现可能造成损坏的商品以及伤害顾客、损害本单位利益的不当包装，收银员还要检查商品包装，并提醒或帮助顾客正确处理商品包装。

五、收银作业

收银作业包括现金收银、银行卡收银、优惠卡 / 券、支票、会员卡、微信和支付宝等。

1. 现金收银操作

一般来说，商场现金收银操作包括欢迎顾客、录入商品、唱收现金并清点、鉴别现金、打印发票、唱付找零、答谢顾客几个环节。超市现金收银操作包括欢迎顾客、扫描商品、商品消磁、商品装袋、唱收现金、打印发票、唱付找零、答谢顾客几个过程。

2. 银行卡收银操作

当顾客持银行卡结账时，收银员必须将银行卡在银行配备的银联 POS 机上进行刷卡支付，然后再在 POS 收银机上按“银行卡”键更改结账方式来标注此笔业务，才能完成交易结算过程。基本步骤如下：验收卡、证→把卡放在刷卡机的槽口上刷卡→输入金额→请顾客输入密码→检查销售单上打印的内容是否完整、清楚、正确→请顾客在销售单的相应位置签名→选择付款键打开钱箱，完成交易→将卡和销售单的顾客联交给顾客，保留商场联并保存好→关闭钱箱。

3. 优惠卡收银操作

优惠卡又称储值卡、购物卡，是商场、超市等商业零售企业为促进销售、方便顾客购物而发行的企业内部卡。优惠卡作为一种扣款型专用卡，面值固定，可以分次使用，一般不能续存金额，用完后商家即收回。优惠卡属于企业内部卡，先充值后消费，因此无须和银行联网使用，可直接在 POS 收银机上刷卡消费。

4. 优惠券收银操作

优惠券也称作折扣券，是商场、超市等零售企业为促进销售而发行的，顾客在购物时使用可以享受一定折扣优惠的凭证。优惠券分为两种：一种是从商家购买的印有面值的优惠券，称为购物券或商品券；另一种是免费赠送给顾客的优惠券，称为赠券或礼券。

六、退换货物业务的处理

1. 退货业务的处理

退货是指顾客在购买商品后的一定时期内，向商家要求退掉商品和退还等价现金的行为。对于商品退货，收银员首先应受理顾客的商品和凭证，检查、核对商品及销售凭证，并认真听取顾客的陈述意见，然后判断是否符合退货标准。若符合退货标准，收银员应与顾客协商处理方案，在权限范围内明确退货批准手续，办理相关退货事宜。

2. 换货业务的处理

换货是指顾客以某种理由要求商家予以更换商品，或商家对顾客购买的有质量问题的商品按国家有关法律规定作换货处理。商品换货流程与商品退货流程大致相同，收银员首先应受理顾客的商品和凭证，检查、核对商品及销售凭证，并认真听取顾客的陈述意见，然后判断是否符合换货条件。若符合换货条件，收银员应与顾客协商处理方案，在权限范围内明确换货批准手续，办理相关换货事宜。

七、收银过程中遇到的问题及处理方法

1. 当显示屏左下角的打印图标出现问号时，可能是没有打印纸或打印机卡纸，或是打印机插头脱落、断电。

2. 当显示屏左下角出现“断网”字样时，此时可能是收银机出现网络故障，应联系信息中心。

3. 当收款过程中突然出现死机而正在刷银行卡时，可强行关机，重启后查询银行卡交易是否成功及商品销售是否结账。如未结账，但银行卡交易已成功，可请顾客把此次银行卡交易取消，再按正常操作过程重新收款。但取消交易必须用原卡，也可以输入银联手续。

4. 当收款过程中积分卡漏了积分，但返利卡已经刷卡时，可输入任意六个数，按“确认”键，此时屏幕上会出现“验证码不正确”字样，再次按“确认”键，再按“退出”键，回到“销售”界面，补上积分，刷卡再将商品结账。

5. 返利卡退货时，应按正常退货流程输入，在结账时光标移至“返利卡”一栏，刷卡输入验证码确认。

6. 在操作银行卡收款过程中，打印机中途断电，这时会发生交易已完成而凭证未打印的情况，收银员只需将打印机电源连接上，并在“银行卡交易查询”栏里补打交易凭证和销售发票。如果整个商场都不能刷银行卡，需要及时通知总收银台联系银行。如果单个楼层不能刷银行卡，则由总收银台联系信息中心检查

该楼层主网线。

7. 银行卡退货时，当天的货物只需按正常流程操作，在结账时移至“银行卡”一栏，刷卡后输入商务凭证号核对金额，请顾客输入密码，确认结账。非当天的退货需填写退货通知单，一般 15 个工作日内到账。

8. 在收送券活动中，如果遇到需冲销的账务，最好使用选单退货，而且要在原卡原电脑票都存在的情况下，并校对小票结账。

9. 所收现金已输入银联，需调整时，先输入错误的数字用红字冲销，重新结账。在收款刷卡时若计算机上出现故障不能刷卡，此时应告知顾客去 POS 机上刷卡，顾客拿来的单子应核对金额、签名、日期等无误后方可输入计算机，如果顾客卡上余额不足，要求顾客补足余额。

10. 如果系统不稳定，在刷返利卡时有时会出现冲正信息，此时若按确认的话会将前一笔的返利卡金额退掉。遇到这类事件时，要第一时间通知总收银台，联系信息中心处理。

11. 每天收银工作结束时，应将销货票、银行单、现金、各类卡券金额与计算机中的报表数据进行核对、统计，如有差异，及时查找原因，做到当天问题当天解决。

第三节　点钞与人民币真假的鉴别

人民币是我国的法定货币，代表着国家财富，是国家主权的象征。人民币的制作、发行和流通是按照《中华人民共和国中国人民银行法》进行的。收银员应当能够正确识别真假人民币，并掌握必要的点钞技术。

一、点钞

点钞是指按照一定的方法查清票币的数额，即整理、清点票币的工作，在银行泛指清点各种票币，又称票币整点。对于前台柜员，商场、超市收银员以及出纳人员来说，清点钞票是一项经常的、大量的、技术性很强的工作。点钞速度的快慢、技术水平的高低，直接影响工作的效率和质量。因此，点钞技术是前台柜员、商场或超市收银员以及出纳人员的必备技能之一，点钞技术的质量和效率是考核前台柜员、商场或超市收银员以及出纳人员业务素质的重要指标。

1. 点钞的基本程序和要求

（1）点钞的基本程序

点钞是从拆把开始到扎把结束的一个连续、完整的过程。要加快点钞速度，提高点钞水平，必须把各个环节的工作都做好。点钞一般包括拆把、手工（机器）清点、墩齐、扎把、盖章、计算总金额等环节。

1）拆把。清点散票币时，墩齐后就可以直接持钞清点。如果清点成把票币时，需将腰条纸拆下，这一操作称为拆把。拆把有两种方法：

①保留原腰条纸。将钞票墩齐横执，左手拇指在前，其余四指在后，横握钞

票上侧左半部分使其略成瓦状，然后用右手脱去腰条纸。通常初点时采用这种方法，以便复点时发现差错能查看图章。

②撕断原腰条纸。点钞方法不同，撕断原腰条纸的方法也有所区别。一种方法是将钞票墩齐横执，左手拇指在前，其余四指在后，横握钞票上侧左半部分使其略成瓦状，然后用右手食指用力勾断腰条纸。另一种方法是持钞用左手，左手手心面向自己，中指和无名指分开，钞票正面向下，将钞票左端 1/2 处放在左手中指和无名指的中间，小指、无名指和中指向手心弯曲夹住钞票，左手拇指在里侧上边处，左手中指稍用力使钞票放倒在桌面上，钞票的左上角翘起成瓦形，同时食指伸直，勾住腰条纸，用力勾断，并用拇指捏拄钞票里侧边缘向外推，使钞票成微开的扇面形，为清点做好准备。复点时一般采用此种方法。

2）持钞。持钞用左手，左手手心面向自己，中指和无名指分开，钞票正面向下，将钞票左端 1/2 处放在左手中指和无名指的中间，小指、无名指和中指向手心弯曲夹住钞票，左手食指伸直拖住钞票的背面，左手拇指放在钞票正面的 1/2 处，将钞票向后压弯同时向前稍推，使钞票稍成扇形。

3）点钞（详见下文）。

4）计数。计数与点钞同时进行。由于单指单张每次只捻一张钞票，计数也必须一张一张计，直至计到 100 张。从“1”到“100”的数中，绝大多数是两位数，这样计数速度往往跟不上捻钞的速度，所以必须巧计，有两种计数方法：

①1，2，3，4，5，6，7，8，9，1；

1，2，3，4，5，6，7，8，9，2；

……

1，2，3，4，5，6，7，8，9，10。

第一行的最后一个数字 1 表示 10，最后一行的 10 表示 100。这种计数法既简单又快捷，省力又好计。但初次计数时要注意，为了避免每一行的最后一个数字与下一行的相同数字混淆，要在每一行的最后一个数字后稍有停顿，待熟练后再连续计数。

②1，2，3，4，5，6，7，8，9，10；

2，2，3，4，5，6，7，8，9，10；

3，2，3，4，5，6，7，8，9，10；

……

10，2，3，4，5，6，7，8，9，10。

这种计数方法与前种不同的是把组的号码放在每组数的前面。计数时要注意不要用嘴念出声来，不能有读数的口型，要用心计。

5）墩齐。点完一把钞票后，要把钞票墩齐。两手的拇指放在钞票的正面，其余手指放在钞票的背面，使钞票的正面朝身体横执在桌面上，左右手松拢墩齐，再将钞票竖起墩齐，使钞票四端整齐，然后用左手持钞作扎把准备。

6）扎把。点钞速度的快慢很大程度上取决于扎把。下面介绍三种常用的扎把方法。

①缠绕式扎条。将钞票墩齐横执，左手拇指在前，其余四指在后，横握钞票上侧左半部分使其略成瓦状，右手拇指和食指捏住腰条纸的一端，并送交左手食指将其压住，右手拇指与食指由怀里向外缠绕两圈，注意在上方要拉紧，左手食指在钞票的上侧压住拉紧的腰条纸不要松动，然后右手拇指与食指将腰条纸余端向右方平行打折成 45° 角。然后用右手食指或中指将腰条纸的头向左掖在凹面瓦形里，再用右手拇指压紧，把钞票拊平即可。

②中间夹条法。将钞票墩齐横执，左手拇指在前，其余四指在后，横握钞票上侧左半部分使其略成瓦状，用右手食指将钞票上侧中间分开一条缝，用右于拇指和食指竖向捏住腰条纸的一端，留出长约 5 cm，插入缝内约 2 cm，然后由怀里向外缠绕两圈，将腰条纸的余端留在钞票的上部，左手将钞票下侧放在桌面稍压成小瓦形，右手将腰条纸余端用力拉紧，左手食指在钞票的上侧压住拉紧的腰条纸不要松动，然后用右手拇指与食指将腰条纸余端向右平行打折成 45° 角，用食指或中指将腰条纸的头掖在凹面瓦形里，再把钞票拊平即可。以上两种方法扎把，也可以向外绕，还可以绕一圈，如果绕一圈腰条纸的长度要短些。

③双端拧结法。将钞票墩齐，左手横执钞票，拇指捏在钞票前面，中指、无名指和小指捏在钞票后面，食指伸直压在钞票上侧。右手拇指和食指捏住腰条纸 1/3 处，将腰条纸的另一端放在钞票上侧中间的位置，使腰条纸短的一头在钞票后，长的一头在钞票前，即靠近身体一侧，左手食指尖在钞票的上侧压住腰条纸。然后右手的拇指和食指将腰条纸在钞票的下面由里向外缠绕半圈至钞票后面，再用右手拇指和食指捏住腰条纸的两端，然后将左手松开换位，从正面捏住钞票两侧，右手从钞票背面中间向里顶住钞票，使其成小瓦形，并捏紧腰条纸两端，左手腕向外转 180°，右手捏住腰条纸的两端向里转 180°，用食指将腰条纸

头掖在凹面瓦形里，再把钞票捋平，使腰条纸压在下面。扎完后腰条纸的结一定要在钞票的背面，如果是 100 张，腰条纸必须在钞票的中间。双端拧结法要用拉力强、质地软的腰条纸，腰条纸长度在 30 cm 左右。

扎把是点钞的一道重要程序，有一定的技术要求和质量标准，操作时要达到快而不脱、紧而不断。一般要求每两秒钟扎一把，扎把后最上面一张用手自然提起以抽不出为标准。

7）盖章。每扎完一把钞票，就要加盖点钞人的名章，名章要盖在钞票上侧的腰条纸上，印章要清晰。

（2）点钞的基本要求

1）坐姿端正。点钞员的坐姿应体现出饱满的精神状态和积极热情的工作态度。坐姿端正会使点钞技术得以充分发挥。正确的坐姿应该是直腰挺胸，双脚平放地面，全身肌肉放松，两小臂置于桌面边缘，左手腕部紧贴桌面，右手微微抬起，手指活动自如，轻松持久。

2）用品定位。用品包括钞币、簿册、笔、蘸水缸、甘油、捆钞条、印泥、名章、计算器等。按使用顺序固定位置放好用品，以方便点钞时使用。

3）清理整齐。清点钞票前，首先应整理钞票，要求边角无折、同券一起、券面向上。由于企业或银行收进的钞票中可能会有破损、弯折，所以应在清点钞票之前将某些破裂、质软和不符合要求的钞票挑拣出来，将弯折、折角、揉搓过的钞票整直、抹平。这样处理之后，每张钞票都被清理得整齐、平直，不同面额的钞票被分开放置，钞票的正面一律向上，再将 100 张同面额的钞票扎成一把。对于不足 100 张同面额钞票，应以 10 张为单位起“叠”，每 10 张为“一叠”，即用一张钞票包住其余 9 张钞票。对于成“叠”的钞票，应用纸条捆扎好并将实际金额写在纸条上；对于不成叠的各种钞券零散张数，就用另一纸条捆扎好，并将实际金额写在纸条上。

4）指法规范。指法规范既可提高清点钞票的准确率，又可提高清点速度。

5）清点准确。点钞是一项心手合一，手、眼、脑高度配合，协调一致的严谨工作。清点准确是点钞的关键，也是点钞最重要的环节，是对点钞技术最基本的要求。为保证清点的准确性，就需要在点钞前做好思想准备、款项准备和工具准备。清点时要求做到：①精神集中，全神贯注；②坚持定型操作，机器复核，去伪存真，剔除残币；③双手点钞，眼睛看钞，脑子计数，手、眼、脑高度配合。

6）捆扎合格。将清点完的每一百张钞票捆扎为一小把，每十小把捆扎为一捆（百张一把，十把一捆）。捆扎要求做到：①卷角拉平、四边水平、钞票墩齐，不露头或呈梯形错开，即前、后、左、右四面的钞票不得突出超过 0.5 cm；②两绕捆钞条重叠捆于钞票中央位置，折角在钞票正面；③扎小把以提起把中任意一张不被抽出且随意提取没有变形松动为合格；④按“井”字捆扎的大捆，以用力推不变形、抽不出任意小把为合格标准。

7）动作流畅。这是保证点钞质量和提高点钞效率的必要条件。点钞过程的各个环节（拆把、清点、整理、扎把、盖章）必须密切配合，环环相扣，清点中双手动作要求协调流畅，娴熟规范，速度均匀，且避免不必要的小动作。

8）计数盖章。点钞员清点钞票后均要计数盖章，捆钞条上的名章是分清责任的标记，因此名章要清晰可辨。名章一般盖在缠绕钞票侧面的捆钞条上。

9）快速整洁。快速要求在清点准确的基础上提高清点和捆扎速度，整洁是指桌面物品摆放有序、干净整齐。例如，将待点的钞票放置在桌面左侧，钞票扎把盖章后整齐墩放于桌面右侧。

2. 手工点钞的方法

点钞包括整点纸币和清点硬币。点钞的方法相当多，概括而言，可以分为手工点钞和机器点钞两大类。对于手工点钞，根据持票姿势不同，可分为手持式点钞方法和手按式点钞方法。手持式点钞方法可分为手持式单指单张点钞方法、手持式单指多张点钞方法、手持式多指多张点钞方法和扇面点钞方法等。手按式点钞方法可分为手按式单张点钞方法、手按式多指多张点钞方法和手按式半扇面点钞方法等。这里主要介绍几种使用较普遍、实用性较强的纸币点钞技术，以及手工清理硬币的方法。

（1）手持式单指单张点钞方法

该方法的优点是操作时易看清假币和挑选残破币，缺点是速度较慢。点钞方法如下：

1）点钞时，上身坐直，双肩自然下垂，胸部稍挺，两小臂轻置在桌沿上。左手中指和无名指弯曲分开，夹住钞票一侧，食指伸直托住钞票背面，拇指轻按在钞票正面，钞票呈半扇面形，指尖压在钞票侧面约 1/3 处，钞票正面和侧面所形成的钝角的角尖正对脸部；右手拇指、食指、中指蘸水，准备点数。

2）右手拇指在票上，食指、中指在票下，放在钞票右下角。用拇指向正下方轻轻捻动，每次捻出一张，接着用无名指将捻开的钞票迅速弹拨下来，一捻一弹，相互配合，连续动作，直至点完。点钞时应注意拇指捻动钞票的动作不宜过大，只用指头的第一关节作轻微动作，而无名指的弹拨动作要适当加大辐度配合，做到"三分捻，七分弹"。

3）使用该方法点钞时，右手拇指抬得不要过高，幅度要轻、小、准，注意不要漏捻。点钞时如发现有残破钞票，可以用右手中指、无名指夹住折向外边，待点完后抽出。

4）单指单张点钞计数要求从一开始累计计数。计数时要用心配合手的动作，切忌用口念数计数或不用累计计数方法，因为这些不正确方法都会影响点钞速度和点钞准确性。点数时可以采用双数计数法或单数分组计数法，做到心、眼、手三者密切配合。

（2）手按式单指单张点钞方法

该方法适用于整点新旧、大小钞票，尤其适用于残破币较多的票币，也是初学者常采用的方法之一。因为点钞时展开票面较大，容易注意票币的质感和外观，便于鉴别变造币和伪造币。这种方法劳动强度相对较大，速度也较慢，但准确度高。

1）准备。将准备清点的钞票横置在桌面上，正对点钞者，左右手中指、无名指及小拇指按住钞票左右前角处，空出左右手的拇指、食指，准备点数。

2）总数。用左手或右手的拇指托起钞票的一小部分，用左手或右手的食指捻动钞票，使最上面的一张与小叠钞票分离，用右手或左手拇指隔开这张已分离的钞票，同时计数。当按上述顺序清点第二张钞票时，右手或左手食指将已点数的钞票隔开，如此动作循环往复，直至将钞票清点完毕。如果需清点的钞票张数过多，点数中双手把持不住时，可以将已点钞票翻扣在未点钞票前，然后再按上述要领继续清点未点钞票。

3）计数。计数方法同手持式单指单张点钞，要严格从一到百顺序计数。

（3）手按式三张点钞方法

这种点钞方法适用于清点整把的钞票（如 100 张）。其优点是速度较快，计数省力，点钞时主要是手指关节活动，劳动强度小；缺点是展开票面小，不易看到下端有角的钞票，也不适用于残破币较多的大捆钞票，因此比较适用于复点。

点钞时，将要清点的钞票像手按式单指单张点钞一样置于桌面，用一手的中指、无名指、小拇指按住钞票一方的前端，另一手的单指或多指拉点或推点三张钞票，用按票手的食指、中指分隔已点钞票，同时完成计数。计数时以每三张为一组计数，数到 33 组最后剩一张，即为 100 张。

（4）扇面点钞方法

这种点钞方法适宜于清点新钞，不适宜于清点新、旧、残、破的混合钞票。其优点是点钞速度快，缺点是不便于挑选残破币，而且较费眼力，一般用于复点。

1）持票。上身坐直，先将钞票竖拿，左手拇指在钞票前，食指、中指同时从钞票后捏住钞票下角，其余两指弯曲靠向手心，右手拇指按住钞票下半部的中间，其余三指卷曲弯向手心，将钞票压成瓦形，以备开扇。

2）开扇。开扇时以左手为轴（即持票的左手三个手指在原位上动作），右手食指将钞票向左下方压弯，左手拇指同时向右边逆时针方向拧动钞票，再用右手拇指将压弯的钞票向左上方推起，右手食指、中指向右捻动钞票，与此同时，左手拇指配合右手捻动，这样反复推动，右手拇指逐渐向下移动至右下角时即可将钞票推成扇形。如有扇面不均匀的地方，要用双手持钞票抖开，左半部分向左抖，右半部分向右抖，直到抖动均匀为止。

3）一次性开扇。开扇时要求双手配合一定要协调，以左手为轴，右手卡住钞票右侧，拇指在前，其余四指从钞票后面将其压成瓦形，从右侧向左侧稍用力往胸前方向转过来向外甩动，这时左手拇指原地不动地从右向左捻动，左右手同时进行，保证扇面一次甩开，间隔均匀整齐。

4）点数。一手持票，另一手点数。点数时从打开扇面的一叠钞票的最后一张（从正面看）数起，可按五张以上至十多张的固定张数为一组点数。用拇指指尖将每组钞票按开，食指紧随其后将已数钞票与未数钞票分开，拇指继续前移点数，直到完成整叠钞票的点数动作。计数方法是按组顺序计数。

5）合扇。当一叠钞票点数完毕后，用双手将钞票像合拢折扇一样并拢起来码齐，以便进行整理。

（5）手工清点硬币方法

硬币清点一般包括整理、清点、计数三个步骤。

1）整理。清点硬币前，应首先将不同面值的硬币分类码齐排好，一般五枚或十枚为一垛。

2）清点。清点时，可将硬币从右向左分组清点，用右手拇指和食指持币分组点数，为了准确，可以用中指分开查看各组数量，复点无误后，即可计算金额，完成硬币清点工作。

3）计数。根据复点无误的数量与相应的硬币面值进行计算，得出硬币的实际金额，最后统计并与收款依据核对金额，确认无误后收好现钞并出具收款单据，完成点钞工作。

二、人民币真假的鉴别

1. 假币的概念

《中国人民银行假币收缴、鉴定管理办法》所称假币是指伪造、变造的货币。伪造的货币是指仿照真币图案、形状、色彩等，采用各种手段制作的假币。变造的货币是指在真币的基础上，利用挖补、揭层、涂改、拼凑、移位、重印等多种方法制作，改变真币原形态的假币。

2. 伪造货币的分类

（1）机制假币

机制假币是利用现代化印刷设备，从纸张、油墨到制版、印刷都参照真钞的印制工艺仿造而成的假币。这类假币伪造的质量高、数量多，极易扩散，危害性最大，是反假币工作最主要的对象。机制假币主要有照相制版胶印、电子扫描制版胶印和雕刻制版凹印三种。目前市场上的伪造人民币主要是照相制版胶印假币和电子扫描制版胶印假币。

（2）打印、复印假钞

打印、复印假钞是利用现代化办公设备制造的假钞。由于这种造假方法简单而且容易掌握，在短时间可以有一定批量的伪造，所以对打印、复印假钞的危害性不能低估。

（3）拓印假币

拓印假币是指利用化学原理，以一定化学物质浸泡真币，使真币图案颜色脱离并移植到另外纸张上滋生出的假币。

（4）手工描绘或手工雕刻版印制的假币

这类假币是采用原始造假手段制作的，伪造手段落后，制版的材料质量低劣，描绘或印制出来的假币质量很差，比较容易识别。

（5）照相假币

照相假币是采用相纸作为钞纸材料，利用照相设备拍摄、冲洗、揭张、粘贴成型的假币。它与一般的相片制作方法相同，效果也类似。此类假币纸张厚且脆，稍加揉折票面就有裂痕，票面带有与真币截然不同的光泽而且发滑，流通时间久了会产生形同龟裂的形态。

（6）铸造假硬币

铸造法制造的假硬币是指作伪者用一枚真币作为模本制成模子，再将一些熔点较低的金属进行配比后熔化，将熔化后的合金液注入模腔中，待合金液凝固冷却取出，将连部浇铸的毛刺适当修整而成的假硬币。

（7）机制假硬币

机制假硬币是利用真币作为模板，用先进的电火花或仿形铣床翻制假硬币的印模，采用普通钢板作坯饼芯，经电镀镍制成坯饼，然后在油压机上压制而成的假硬币。

3. 人民币的防伪特征

假币一般以 100 元和 50 元居多，因此本书重点介绍 100 元和 50 元的防伪特征。

（1）100 元的防伪特征

中国人民银行于 2015 年 11 月 12 日发行 2015 年版第五套人民币 100 元纸币。2015 年版第五套人民币 100 元纸币的防伪特征包括光变镂空开窗安全线、光彩光变数字、人像水印、胶印对印图案、横竖双号码、白水印和雕刻凹印，如图 8—2 所示。

1）光变镂空开窗安全线。光变镂空开窗安全线位于票面正面右侧。当观察角度由直视变为斜视时，安全线颜色由品红色变为绿色；透光观察时，可见安全线中正反交替排列的镂空文字“¥ 100”。光变镂空开窗安全线对光源要求不高，颜色变化明显，同时集成镂空文字特征，有利于公众识别。

2）光彩光变数字。票面正面中部印有光彩光变数字。垂直观察票面，数字“100”以金色为主；平视观察，数字“100”以绿色为主。随着观察角度的改变，数字“100”颜色在金色和绿色之间交替变化，并可见到一条亮光带在数字上下滚动。

3）人像水印。人像水印位于票面正面左侧空白处。透光观察，可以看到毛泽东头像。

4）胶印对印图案。票面正面左下方和背面右下方均有面额数字“100”的局部图案。透光观察，正面、背面图案组成一个完整的面额数字“100”。

5）横竖双号码。票面正面左下方采用横号码，其冠字和前两位数字为暗红色，后六位数字为黑色；右侧竖号码为蓝色。

6）白水印。白水印位于票面正面横号码下方。透光观察，可以看到透光性很强的水印面额数字“100”。

7）雕刻凹印。票面正面毛泽东头像、国徽、“中国人民银行”行名、右上角面额数字、盲文及背面人民大会堂等均采用雕刻凹印印刷，用手指触摸有明显的凹凸感。

图 8—2　2015 版第五套人民币 100 元的防伪特征

（2）50 元的防伪特征

第五套人民币 2005 版 50 元纸币的票面特征：主色调为绿色，票幅长 150 mm、宽 70 mm。票面正面主景为毛泽东头像，左侧为“中国人民银行”行名、阿拉伯数字“50”、面额“伍拾圆”和花卉图案。票面左上角为中华人民共和国国徽图案，票面右下角为盲文面额标记。票面背面主景为“布达拉宫”图案。票面右上方为“中国人民银行”的汉语拼音字母和蒙、藏、维、壮四种民族文字的“中国人民银行”字样和面额。正面主景图案右侧为凹印手感线，左侧中间处为胶印对印图案；左下角为光变油墨面额数字和白水印面额数字，其上方为双色异形横号码。背面主景图案左下方为面额数字和汉语拼音“YUAN”；右侧中间处为胶印对印图案；年号为“2005 年”。50 元纸币的防伪特征如图 8—3 所示。

图 8—3 第五套人民币 2005 版 50 元的防伪特征

4. 假人民币纸币的主要特征

（1）固定人像、花卉水印

1）在纸张夹层中涂布白色浆料，透光观察水印所在位置纸张明显偏厚。

2）在票面正面、背面或正背面同时使用无色或淡黄色油墨印刷类似水印的图案，图案不透光也清晰可见，立体感较差。

（2）安全线

1）在钞票表面用油墨印刷一道线条，无磁性。

2）在纸张夹层中放置与安全线等宽的聚酯类线状物，与纸张结合较差，易抽出，缩微文字较粗糙、无磁性。

3）伪造开窗安全线使用双层纸张，在纸张正面对应开窗位置留有断口，使镀有金属反射表面的聚酯类线状物从一个断口伸出再从另一个断口埋入，与纸张结合性较差，无全息图案。

（3）红、蓝彩色纤维

使用红、蓝两色油墨印刷一种与真钞的彩色纤维形状近似的细线，印刷在纸张表面。

（4）雕刻凹版印刷图案

正背面主景图案多由细点组成（真钞由点、线组成），图案颜色不正、缺乏层次、明暗过渡不自然，人像目光无神，发丝模糊，图案无凹凸感，也有一部分假币在凹印图案部位涂抹胶水或压痕来模仿凹印效果。

（5）隐形面额数字

使用无色油墨印刷隐形面额数字，图文线条与真钞差别较大，无隐形效果。

（6）胶、凹印缩微文字

缩微文字模糊不清，无法分辨。

（7）光变油墨面额数字

1）使用普通单色油墨平版印刷的，无颜色变换特征，无凹凸感。

2）使用珠光油墨丝网印刷的，变色特征与真钞有明显的区别。

（8）阴阳互补对印图案

正背面图案重合得不够完整，线条有明显的错位现象。

（9）有色、无色荧光图案。

1）没有有色、无色荧光图案。

2）颜色及亮度与真钞有一定的差别。

（10）专用纸张

假钞纸张在紫外光下会发出较强的蓝色荧光，也有少量假钞纸张荧光较弱或没有荧光，但一般假钞纸张不含有无色荧光纤维。

5. 识别真假人民币的方法

纸币真伪的识别通常采用直观对比（眼看、手摸、耳听）和仪器检测相结合的方法，即通常所说的“一看、二摸、三听、四测”。

（1）眼看

用眼睛仔细观察票面的颜色、图案、花纹、水印、安全线等外观情况。人民币的图案颜色协调，图案、人像层次丰富，富有立体感，人物形象表情传神，色调柔和亮丽；票面中的水印立体感强，层次分明，灰度清晰；安全线牢固地与纸张黏合在一起，并有特殊的防伪标记；对印图案完整、准确；各种线条粗细均匀，直线、斜线、波纹线明晰、光洁。

（2）手摸

依靠手指触摸钞票的感觉来分辨人民币的真伪。人民币是采用特种原料，由专用抄造设备抄制的印钞专用纸张印制，其手感光滑、厚薄均匀，坚挺有韧性，且票面上的行名、盲文、国徽和主景图案一般采用凹版印刷工艺，用手轻轻触摸有凹凸感。

（3）耳听

通过抖动使钞票发出声响，根据声音来判别人民币真伪。人民币是用专用特制纸张印制而成的，具有坚挺、耐折、不易撕裂等特点。手持钞票用力抖动、手指轻弹或两手一张一弛轻轻对称拉动钞票，均能听到清脆响亮的声音。

（4）检测

检测就是借助一些简单工具或专用仪器进行钞票真伪识别的方法。例如，借助放大镜来观察票面线条的清晰度，胶、凹印缩微文字等；用紫外灯光照射钞票，观察有色和无色荧光油墨印刷图案，纸张中不规则分布的黄、蓝两色荧光纤维；用磁性检测仪检测黑色横号码的磁性。

6. 假币的处理方法

（1）疑似假币

收银员在收到疑似假币的情况下，不得随意加盖假币戳记或没收，而应向持币人说明情况，开具载明面值和号码的临时收据，连同疑似假币及时报送有假币鉴定权的金融机构进行鉴定。收银员进行假币鉴定，可以自收缴之日起 3 个工作日内，持“假币收缴凭证”直接或通过收缴单位向中国人民银行当地分支机构或中国人民银行授权的当地鉴定机构提出书面鉴定申请。中国人民银行当地分支机构或中国人民银行授权的鉴定机构应无偿提供鉴定货币真伪的服务，鉴定后，应出具中国人民银行统一印制的“货币真伪鉴定书”，并加盖货币鉴定专用章和鉴定人名章。

（2）确定假币

收银人员收到并确定其为假币后，应上缴中国人民银行或办理人民币存取款业务的金融机构，并配合安全机构追查来源，切不可让假币继续流通。